Referenciação

Clássicos da Lingüística

Referenciação

organizadoras

Mônica Magalhães Cavalcante
Bernardete Biasi Rodrigues
Alena Ciulla

Lorenza Mondada
Danièle Dubois
Denis Apothéloz
Jean-Claude Milner
Catherine Chanet
Marie-Elisabeth Conte
Gill Francis
Marie-Nöelle Gary-Prieur
Michèle Noailly

editoracontexto

Diagramação
Renata Alcides

Revisão
Vera Lúcia Quintanilha

Capa
Antonio Kehl

Dados Internacionais de Catalogação na Publicação (CIP)
(Câmara Brasileira do Livro, SP, Brasil)

Referenciação / organizadoras Mônica Magalhães Cavalcante,
Bernardete Biasi Rodrigues, Alena Ciulla. –
1. ed., 1ª reimpressão. – São Paulo : Contexto, 2023. –
(Coleção Clássicos da Lingüística)

Vários autores.
ISBN 978-85-7244-225-1

1. Referência (Lingüística) I. Cavalcante, Mônica Magalhães.
II. Rodrigues, Bernardete Biasi. III. Ciulla, Alena. IV. Série.

03-3555 CDD-410.2

Índice para catálogo sistemático:
1. Referenciação : Lingüística 410.2

2023

EDITORA CONTEXTO
Diretor editorial: *Jaime Pinsky*

Rua Dr. José Elias, 520 – Alto da Lapa
05083-030 – São Paulo – SP
PABX: (11) 3832 5838
contato@editoracontexto.com.br
www.editoracontexto.com.br

Sumário

Prefácio

Estamos presenciando atualmente um crescente interesse pela tradução de obras de autores renomados, até então não disponíveis nas prateleiras de nossas livrarias.

Raríssimas são, contudo, coletâneas de textos que versam sobre a mesma temática, escritos por vários autores, mas orientados por uma perspectiva comum.

É justamente este o caso dos CLÁSSICOS DA LINGÜÍSTICA, organizados pela Profa. Dra. Mônica Magalhães Cavalcante e traduzidos, sob a sua orientação, pelos pesquisadores do projeto PROTEXTO, que vem sendo desenvolvido na Universidade Estadual do Ceará.

A Editora Contexto, reconhecendo a importância e atualidade do trabalho que o grupo vem realizando, traz hoje à luz o primeiro desses Clássicos, que tem por tema a questão da referência, um dos pontos centrais da reflexão de lingüistas, semanticistas e filósofos da linguagem.

Não há dúvida de que esse empreendimento virá trazer contribuições valiosas para o desenvolvimento de pesquisas na área de Lingüística Textual, ao disponibilizar para o público brasileiro conjuntos de textos da maior relevância para aqueles que se interessam pelas questões relativas ao textos e à produção do sentido.

Ingedore G. Villaça Koch

Apresentação

Este primeiro volume da série *Clássicos da Lingüística*, organizado pelo grupo de pesquisa PROTEXTO (UFC/UECE/UNICAMP/UNISUL), tem por objetivo divulgar entre os pesquisadores brasileiros a tradução de estudos sobre referenciação anafórica e dêitica.

O projeto geral que o PROTEXTO desenvolve, intitulado *Gêneros textuais e referenciação*, enquadra-se na linha de pesquisa "Práticas discursivas e estratégias de textualização", do Programa de Pós-Graduação em Lingüística, da Universidade Federal do Ceará, e investiga temas relacionados à referenciação e à caracterização de gêneros textuais.

Participam desse projeto integrado professores pesquisadores da Universidade Federal do Ceará, da Universidade Estadual do Ceará, da Universidade Estadual de Campinas e da Universidade do Sul, alunos da graduação em Letras da UFC e da UECE e alunos do Programa de Pós-Graduação em Lingüística da UFC e da UNISUL[1].

O propósito desta coletânea de estudos sobre referenciação é propiciar ao meio acadêmico brasileiro o acesso à literatura que fundamenta as pesquisas na área, favorecendo, conseqüentemente, a verticalização das reflexões sobre os temas abordados. Além disso, visa-se ampliar o âmbito de pesquisa acadêmica nos estudos do discurso, atraindo o interesse dos pesquisadores para o Programa de Pós-Graduação em Lingüística.

Este volume contém estudos que versam exclusivamente sobre referenciação. O primeiro delineia o quadro teórico sobre referenciação que as pesquisas desenvolvidas pelo grupo PROTEXTO assumem como fundamento básico. Mondada e Dubois opõem, neste trabalho, duas visões de como a língua refere o mundo: uma concepção, de base filosófica realista, expressa pela metáfora do espelho, segundo a qual as estruturas lingüísticas refletem diretamente as coisas, e outra concepção, apoiada – diríamos – em alguns princípios fenomenológicos, de acordo com a qual as categorias comportam uma instabilidade constitutiva. Sob este último prisma, as práticas lingüísticas "não são imputáveis a um sujeito cognitivo abstrato, racional, intencional e ideal, solitário face ao mundo, mas a uma construção de objetos cognitivos e discursivos na intersubjetividade das negociações, das modificações, das ratificações de concepções individuais e públicas do mundo" (Mondada, Dubois, 1995, p. 273).

Os referentes – a que as autoras preferem chamar de *objetos de discurso* – são construtos culturais, representações constantemente alimentadas pelas atividades lingüísticas. E, sob tal pensamento, seria então mais adequado falar de *referenciação*, e não de *referência*, de modo a ressaltar a idéia de processo que caracteriza o ato de referir. Nada teria uma segmentação *a priori*: tanto as categorias discursivas quanto as cognitivas podem evoluir e se modificar de acordo com uma mudança de contexto ou de ponto de vista. As opções lexicais se reconstroem e se amoldam ao que está sendo negociado entre os interlocutores, dependendo de seus propósitos enunciativos.

O segundo estudo se inscreve na perspectiva oposta: de língua como uma representação perfeita e adequada do mundo real. Milner tece reflexões em torno da diferenciação entre as noções de referência e correferência e apresenta o referente como sendo o segmento da realidade que é designado pelas seqüências lingüísticas. Distinguindo duas espécies de referência, a *real* e a *virtual*, o autor postula uma outra operação correlata: a de *correferência real* e *correferência virtual*.

Tal conceito de correferência é utilizado no texto como critério para o autor caracterizar anáfora nominal e anáfora pronominal. Milner compõe o grupo de estudiosos que concebem a anáfora e a correferência como duas noções diferentes e autônomas: a anáfora, como sendo uma relação assimétrica estabelecida entre um anaforizado e um anaforizante, e a correferência, uma relação simétrica entre esses dois elementos. Recorrendo sempre a sentenças descontextualizadas, construídas para aquele fim específico, o autor propõe, afinal, uma descrição das duas formas de anáfora: a nominal e a pronominal.

O terceiro estudo compreende dois itens do primeiro capítulo da tese de Denis Apothéloz sobre o funcionamento da anáfora na dinâmica textual. Selecionamos esse trecho pela importante revisão ali empreendida de conceitos-chave. Encetando uma discussão sobre as restrições sintáticas impostas à concepção de anáfora na teoria gerativa, o autor deixa entrever algumas limitações da abordagem formalista do fenômeno e argumenta em favor de uma ampliação da noção de antecedente que não se circunscreva à ligação semântica entre ele e a forma de retomada.

Assim como Mondada e Dubois, Apothéloz se define por uma visão de anáfora, e de referência de modo geral, como a representação de uma entidade construída no discurso e pelo discurso, de acordo com os pressupostos compartilhados pelos participantes da comunicação e com outros fatores contextuais.

Num breve *tour* por esses termos-chave, o autor traça um paralelo inicial entre empregos referenciais e empregos atributivos e passa daí à especificação do que concebe como *correferência, co-significação, referência exofórica* x *referência endofórica, referência opaca, anáfora* e *dêixis, dêixis textual* e *dêixis da memória.* Por fim, dintingue os seguintes subtipos de *anáfora*: *fiel* e *infiel, anáfora por nomeação, anáfora por silepse* e *anáfora associativa.* O item culmina com uma crítica à descrição gerativista de *ilha anafórica.*

No quarto e quinto estudos, desenvolvidos respectivamente por Gill Francis e Maria-Elisabeth Conte, as reflexões incidem sobre um tipo particular de expressão referencial: os encapsuladores manifestados por sintagmas nominais. Francis aborda tais encapsuladores nominais – a que designa de rótulos ("*labels*") – sob a perspectiva das funções coesivas que desempenham no texto. Os rótulos são descritos como grupos nominais que empacotam extensões do discurso por meio de uma expressão de sentido equivalente ao conteúdo que ela resume.

A autora comenta sobre o papel remissivo dos encapsulamentos, que podem apontar para porções textuais ou precedentes ou subseqüentes, e salienta-lhes a função não apenas resumidora, mas ainda organizadora, e por vezes argumentativa, de segmentos discursivos, na medida em que podem portar certos traços avaliativos.

Focalizando, principalmente, a orientação metadiscursiva a que os rótulos se prestam, Francis afirma que eles "são usados pelo escritor para forjar relacionamentos localizados inteiramente dentro do próprio discurso; eles instruem o leitor a interpretar o status lingüístico de uma proposição de um modo particular" (Francis, 1994, p.83). Embora sublinhe essas propriedades metacognitivas, a autora propõe uma classificação desses elementos – a que trata como "metalingüísticos" – de acordo com parâmetros que julgamos muito mais léxico-semânticos do que discursivos. Os rótulos metalingüísticos são assim classificados como "nomes ilocucionários", "nomes de atividades linguageiras", "nomes de processo mental" e "nomes de texto"[2].

Sob uma ótica menos sistêmico-funcional e mais extensamente discursiva, Maria-Elisabeth Conte principia sua análise assentando-se nas mesmas bases descritivas de Francis, a cujos trabalhos faz menção em alguns momentos: o encapsulamento "descreve uma anáfora lexicalmente baseada, construída com um nome geral (ou um nome avaliativo, um nome axiológico) como núcleo lexical e revela uma clara preferência por um determinante demonstrativo" (Conte, 1996, p.1).

A análise se distancia, contudo, da proposta de Francis quando valoriza o tipo de categorização dos encapsuladores como uma espécie de "anáfora pragmática", destacando a função axiológica dessas expressões como operações cognitivas e emotivas relevantes. Conte organiza sua argumentação em torno de quatro questionamentos:

(i) Como o encapsulamento pode ser visto em termo de eixo 'velho/novo'?
(ii) Por que os nomes anafóricos encapsuladores preferem os determinantes demonstrativos ao artigo definido?
(iii) Em que sentido os encapsuladores não são apenas recursos coesivos, mas também um princípio de organização no discurso?
(iv) Que tipos de encapsulamento anafórico podem ser distinguidos?" (Conte, 1996, p.4).

Perseguindo essa trilha, a autora chama a atenção para o processo de integração semântica que os encapsuladores realizam, como um tipo de "hispostasiação" dos atos de fala, a que corresponde uma força ilocucionária e, em muitos casos, uma função avaliativa decisiva para o desenvolvimento argumentativo.

O sexto estudo pondera igualmente sobre a estratégia de encapsulamento – a que os autores denominam de "nominalização", mas aqui traduzida como "nomeação", para fugir à coincidência de termos com o fenômeno morfológico homônimo. A preocupação de Apothéloz e Chanet é menos com o encapsulamento em si mesmo, enquanto mecanismo de função pragmático-discursiva, do que com as propriedades lingüísticas das formas que o expressam.

Após uma breve caracterização das nomeações como uma operação discursiva que consiste em referir-se a um processo ou estado manifestado por proposições ditas "informações-suporte", os autores dedicam o restante da análise à consideração dos fatores que condicionam a seleção de artigos definidos ou de demonstrativos como determinantes nas expressões encapsuladoras. Admitem, logo de início, que as nomeações propendem claramente para a determinação demonstrativa, mas sugerem um conjunto de fatores que – não sendo restrições absolutas – podem favorecer a escolha ora de um definido, ora a de um demonstrativo.

Dentre as condições que levariam a uma opção pelo demonstrativo, citam:

(a) quando o substantivo nuclear opera uma recategorização mais ou menos metafórica do processo, ou comporta uma conotação axiológica evidente;
(b) quando tal nome nuclear, marcado por aspas de conotação autonímica, revela uma outra autoria, como evidência polifônica;
(c) quando o sintagma nominal da nomeação é qualificado por um modificador;
(d) quando a nomeação, ganhando maior "visibilidade" com o demonstrativo, assinala uma mudança de "parágrafo" (mudança de ponto de vista sobre uma seqüência de eventos, passagem de uma descrição a uma narração etc.)

Dentre os fatores que favorecem o uso de artigos definidos em nomeações, Apothéloz e Chanet sugerem os seguintes contextos:

(a) quando o complemento do nome nuclear designa um actante;
(b) quando o nome nuclear é derivado pelo processo morfológico de nominalização;
(c) quando o nome nuclear representa um atributo da nomeação;
(d) quando tal nome é um hiperônimo.

O texto se encerra com uma série de comentários sobre o uso de hiperônimos em nomeações e sua relação com o emprego de determinantes.

O sétimo estudo, embora se volte também para as peculiaridades de uso do demonstrativo, move-se em direção a uma outra espécie de recurso referencial: as anáforas indiretas. Gary-Prieur e Noailly defendem que a função do demonstrativo nem sempre é identificar o referente a partir do contexto imediato, físico ou lingüístico.

As autoras amparam com farta exemplificação a visão de que, nos textos literários, os demonstrativos são empregados com um valor insólito: não se prestam essencialmente a uma referência anafórica nem dêitica – diríamos, em vez disso, não estritamente "dêitica", de remissão situacional. Em vários casos ilustrativos, Gary-Prieur e Noailly dão relevo ao poder remissivo e focalizador do demonstrativo, ora remetendo a informações pressupostas na memória compartilhada, que ele ajuda a trazer a lume, ora simplesmente atraindo para perto do autor/leitor o objeto salientado, imprimindo a este ato um toque de afetividade.

Os sete trabalhos aqui traduzidos desenham, assim, um bom quadro das discussões mais recentes sobre referência e semeiam o terreno para outras pesquisas, mais específicas, sobre os recursos referenciais e seus variados usos no discurso. O segundo volume de traduções do grupo PROTEXTO – já em andamento – tratará de gêneros e seqüências textuais, reunindo um conjunto de publicações recentes sobre esses temas.

O PROTEXTO agradece o grande incentivo dado para a publicação deste material pela Profa. Dra. Ingedore G. Villaça Koch, pesquisadora e consultora do projeto desenvolvido pelo grupo, e a quem a Lingüística de Texto no Brasil muito deve.

Mônica Magalhães Cavalcante

Referências bibliográficas

APOTHÉLOZ, D.; CHANET, C. Défini et démonstratif dans les nominalisations. In: De MULDER & VETTERS, C. (eds.). *Relations anaphoriques et (in)cohérence.* Amsterdan: Rodopi, 1997. p. 159-86.

CONTE, Maria-Elisabeth. Anaphoric encapsulation. *Belgian Journal of linguistics,* 10, 1996. p. 1-10.

FRANCIS, Gill. Labelling discourse: an aspect of nominal-group lexical cohesion. In: COULTHARD, M. *Advances in written analysis.* London and New York: Ed. Routledge, 1994. p. 83-101.

MONDADA, Lorenza; DUBOIS, Danièle. Construction des objets de discours et catégorisation: une approche des processus de référenciation. *TRANEL* (Travaux neuchâtelois de linguistique). 1995, 23. p 273-302.

Notas

[1] Integrantes atuais do PROTEXTO: Profa. Dra. Mônica Magalhães Cavalcante e Profa. Dra. Bernardete Biasi-Rodrigues (líderes do grupo - UFC); Profa. Dra. Ingedore G. Villaça Koch (pesquisadora - UNICAMP); Prof. Dr. Adair Bonini (pesquisador - UNISUL); Profa. Maria Margarete Fernandes de Sousa; Profa. Ma. Ednilza Oliveira Moreira; Profa. Maria Helenice Araújo Costa; Profa. Vicência Maria Freitas Jaguaribe; Profa. Aluíza Alves de Araújo; Profa. Alena Ciulla; Prof. Benedito Gomes Bezerra; Adriana Ma. Pinho S. Taveira; Ana Keyla C. Lopes; Anderson Costa; Ariane da Silva Vieira; Damião Carlos Nobre Jucá; Ana Paula Claudino Santos; Cícera Gilvani de Luna; Cláudia Ramos Carioca; Cristiana Holanda; Elaine de Lima Oliveira; Erika Menezes; Gláucia de Alencar Ramalho; Ília Teles Moreira; Jannayna Ma. Nobre; Marta Maria Costa Lima; Mônica de Souza Serafim; Thatiane Paiva de Miranda; Antônio Duarte F. Távora; Antônio Lailton Duarte; Carla Rafaela Gaede; Diana Paula Farias Tavares; Elisabeth Linhares Catunda; Franklin Oliveira Silva; Francisca Maria dos S. Silva; Silvana Maria Calixto de Lima; Socorro Cláudia T. de Sousa; Susy Anne Almeida e Teresinha de Jesus Ferreira.

[2] Uma designação mais apropriada para esta classificação seria "nomes metalingüísticos", propriamente ditos.

Construção dos objetos de discurso e categorização: Uma abordagem dos processos de referenciação

Lorenza Mondada e Danièle Dubois[1]

Resumo

A idéia segundo a qual a língua é um sistema de etiquetas que se ajustam mais ou menos bem às coisas tem atravessado a história do pensamento ocidental. Opomos uma outra concepção segundo a qual os sujeitos constroem, através de práticas discursivas e cognitivas social e culturalmente situadas, versões públicas do mundo.

De acordo com esta segunda visão, as categorias e os objetos de discurso pelos quais os sujeitos compreendem o mundo não são nem preexistentes, nem dados, mas se elaboram no curso de suas atividades, transformando-se a partir dos contextos. Neste caso, as categorias e objetos de discurso são marcadas por uma instabilidade constitutiva, observável através de operações cognitivas ancoradas nas práticas, nas atividades verbais e não-verbais, nas negociações dentro da interação.

Existem, todavia, práticas que exercem um efeito estabilizador observável, por exemplo, na sedimentação das categorias em protótipos e em estereótipos, nos procedimentos para fixar a referência no discurso, ou no recurso às técnicas de inscrição como a escrita ou as visualizações que permitem manter e "solidificar" categorias e objetos de discurso.

Da "referência" aos processos de "referenciação"

A questão de saber como a língua refere o mundo tem sido colocada há muito tempo em diversos quadros conceituais. Se as respostas são diferentes, a maior parte pressupõe ou visa uma relação de correspondência entre as palavras e as coisas, correspondência dada, preexistente e perdida, ou recuperar, encontrar no exercício da atividade científica, por exemplo. Esta perspectiva se exprime através das metáforas do espelho e do reflexo, e, mais recentemente, do "mapeamento" (*mapping, matching*), que se referem todas a uma concepção especular do saber e do discurso, considerada como uma *re-presentação* adequada da realidade (Rorty, 1980). Esta concepção investe em mais níveis de análise da linguagem: assim, a sintaxe foi avaliada em relação à sua capacidade de cartografar a "ordem natural do mundo"; as gramáticas foram concebidas para corresponder a uma lógica profunda subjacente à língua e destinadas a capturar as estruturas do mundo (Padley, 1985; Cohen, 1977; Grace, 1987). Mais recentemente, no quadro da lingüística cognitiva, a mesma concepção trata o sistema lingüístico em termos de "gramática espacial" e de "motivação icônica", na tentativa de fundamentar as estruturas lingüísticas nos princípios cognitivos "naturais" (Dubois; Resche-Rigon, 1995). Esta concepção se manifesta também nos trabalhos de pesquisa de línguas ideais (Eco, 1993), estimuladas pela tentativa utópica de encontrar e constituir uma língua perfeita em adequação total com o mundo. Esta perspectiva é compartilhada pelo discurso comum e pelo senso comum: a crença em um mundo exterior é uma propriedade central da "razão mundana" ("*mundane reason*", Pollner, 1987), que dá uma inteligibilidade e uma descritibilidade à realidade cotidiana, às suas representações comuns, aos raciocínios de todos os dias; que permitem, além disso, tratar as contradições ou os conflitos entre as versões múltiplas e as discordâncias das "mesmas" realidades como sendo imputáveis ao erro ou à loucura. Do mesmo modo, o andamento científico e o discurso que ele produz, notadamente nas ciências experimentais ou naturais, repousa sobre a hipótese de um poder referencial da linguagem que é fundado ou legitimado por uma ligação direta (e verdadeira) entre as palavras e as coisas.

Pode-se considerar que as ciências cognitivas reatualizam esta questão, com seus pressupostos e dificuldades: os problemas reencontrados pelo tratamento artificial das línguas naturais (quer seja em tradução automática, a propósito do diálogo homem-máquina, ou em robótica) revelam a dimensão problemática de um modelo baseado num "mapeamento" das palavras sobre as coisas, que avalia as performances discursivas medindo seu grau de correspondência com o mundo exterior. Este ponto de vista pressupõe que um mundo autônomo já discretizado em objetos ou "entidades" existe independentemente de qualquer sujeito que se refira a ele, e que as representações lingüísticas são instruções que devem se ajustar adequadamente a este mundo[2].

Propomo-nos reconsiderar aqui quaisquer argumentos concernentes ao que está na base desta concepção e que se manifestam de maneira recorrente, em particular nos debates contemporâneos em ciências cognitivas: nós nos debruçaremos sobre a noção de referência em si mesma, através de um questionamento relevante da lingüística e da psicologia cognitiva. Com efeito – no lugar de partir do pressuposto de uma segmentação *a priori* do discurso em nomes e do mundo em entidades objetivas, e, em seguida, de questionar a relação de correspondência entre uma e outra – parece-nos mais produtivo questionar os próprios processos de discretização. Desejamos, além disso, sublinhar que, no lugar de pressupor uma estabilidade *a priori* das entidades no mundo e na língua, é possível reconsiderar a questão partindo da instabilidade constitutiva das categorias por sua vez cognitivas e lingüísticas, assim como de seus processos de estabilização.

Isto nos leva a deslocar nossa atenção do problema das entidades da língua, do mundo ou da cognição para a análise dos processos que a constituem, assegurando a essas entidades uma evidência e uma estabilidade mais ou menos grandes. O problema não é mais, então, de se perguntar como a informação é transmitida ou como os estados do mundo são representados de modo adequado, mas de se buscar como as atividades humanas, cognitivas e lingüísticas, estruturam e dão um sentido ao mundo. Em outros termos, falaremos de *referenciação*, tratando-a, assim como à categorização, como advindo de práticas simbólicas mais que de uma ontologia dada. Como diz Rastier, a referenciação não diz respeito a "uma relação de representação das coisas ou dos estados de coisas, mas a uma relação entre o texto e a parte não-lingüística da prática em que ele é produzido e interpretado" (1994:19). Estas práticas não são imputáveis a um sujeito cognitivo abstrato, racional, intencional e ideal, solitário face ao mundo, mas a uma construção de objetos cognitivos e discursivos na intersubjetividade das negociações, das modificações, das ratificações de concepções individuais e públicas do mundo.

Em resumo, passando da referência à referenciação, vamos questionar os processos de discretização e de estabilização. Esta abordagem implica uma visão dinâmica que leva em conta não somente o sujeito "encarnado", mas ainda um sujeito sócio-cognitivo mediante uma relação indireta entre os discursos e o mundo. Este sujeito constrói o mundo ao curso do cumprimento de suas atividades sociais e o torna estável graças às categorias – notadamente às categorias manifestadas no discurso. Isto significa que, no lugar de fundamentar implicitamente uma semântica lingüística sobre as entidades cognitivas abstratas, ou sobre os objetos *a priori* do mundo, nós nos propomos reintroduzir explicitamente uma pluralidade de atores situados que discretizam a língua e o mundo e dão sentido a eles, constituindo individualmente e socialmente as entidades.

Este artigo tenta articular nossas avaliações disciplinares para identificar os níveis de análise lingüística e psicológica pertinentes que se deve levar em consideração quando se deseja formular a questão da referência. Mais precisamente, mostraremos que esta questão pode ser revisitada em termos de "objetos de discurso" (Mondada, 1994) e de "categorização" (Dubois, 1995). Estas abordagens lingüísticas e psicológicas estão estreitamente imbricadas, na medida em que todas duas são concernentes às práticas e aos discursos; elas devem, todavia, ser diferenciadas a fim de evitar uma redução de um nível a outro. O fundamento comum de nossas abordagens é a importância concedida à dimensão intersubjetiva das atividades lingüísticas e cognitivas, responsável pela produção da ilusão de um mundo objetivo (da objetividade do mundo), "pronto" para ser percebido cognitivamente pelos indivíduos racionais.

Vamos, primeiro, mostrar que a mudança e a instabilidade não são, de modo nenhum, exceções ou problemas, mas uma dimensão intrínseca do discurso e da cognição. Analisaremos, em seguida, alguns procedimentos pelos quais a estabilidade é produzida, criando efeitos de objetividade e de realidade – que, desde então, não podem ser considerados como dados, mas como resultantes de processos simbólicos complexos.

A instabilidade generalizada

A literatura científica é atravessada pela constatação de um grande número de divergências entre a linguagem ou o conhecimento humano e o mundo, entre os nomes, seus sentidos comuns, seus usos, seus conceitos e as "coisas". A perspectiva utópica (ou nostálgica) de uma cartografia perfeita entre as palavras e as coisas considera, de uma parte, não somente que os objetos são estáveis e dados *a priori* de um ponto de vista extensional (e perceptual), mas também que eles têm propriedades "essenciais", "intrínsecas" e "inerentes" que são mantidas mesmo quando o objeto evolui perceptualmente ao "sofrer" transformações materiais (ver Schnedecker e Charolles, 1994). De outra parte, esta perspectiva tende a interpretar as atividades do sujeito como marcadas pelas "negligências", pelas "faltas de precisão", pelas "dificuldades em nomear" ou mesmo pelos "erros" e "insucessos", imputáveis também às imperfeições das línguas "naturais" (em oposição às línguas sagradas ou artificiais), ou às más realizações, à incompletude de um sistema cognitivo imperfeito (popular, ignorante, até mesmo patológico ou, não há muito tempo, herético).

De um modo mais positivo, gostaríamos de analisar alguns dados empíricos que nos permitam definir os processos subjacentes a tais imperfeições, reconsideradas, de modo contrário, em termos de recursos lingüísticos, discursivos e cognitivos necessários para tratar eficazmente da referenciação. No que segue, mostraremos, em primeiro lugar, como as categorias são geralmente instáveis, variáveis e flexíveis. Em segundo lugar, analisaremos estas instabilidades como sendo inerentes aos objetos de discurso e às práticas, e como estando ligadas às propriedades intersubjetivamente negociadas das denominações e categorizações no processo de referenciação: estas últimas não são mais consideradas como algo que estabiliza uma ligação direta com o mundo, mas como processos que se desenvolvem no seio das interações individuais e sociais com o mundo e com os outros, e por meio de mediações semióticas complexas.

A instabilidade das relações entre as palavras e as coisas

As categorias utilizadas para descrever o mundo mudam, por sua vez, sincrônica e diacronicamente: quer seja em discursos comuns ou em discursos científicos, elas são múltiplas e inconstantes; são controversas antes de serem fixadas normativa ou historicamente.

Variações sincrônicas e diacrônicas dos usos categoriais comuns

A variabilidade das categorizações sociais mostra que há sempre, por exemplo, muitas categorias possíveis para identificar uma pessoa: ela pode ser igualmente tratada de "antieuropéia" ou de "nacionalista" segundo o ponto de vista ideológico adotado; diacronicamente, um "traidor" pode tornar-se um "herói". O problema tem sido colocado mais radicalmente por Harvey Sacks no quadro da etnometodologia: em vez de avaliar as categorizações, buscando-lhes adequação referencial, correspondência e veracidade (por exemplo, indo observar se uma pessoa categorizada como "negra" é efetivamente um negro), ele se propõe estudar como a categorização é um problema de decisão de dependência que se coloca para os atores sociais, e como eles o resolvem selecionando uma categoria em vez de outra dentro de um contexto dado. A questão não é mais avaliar a adequação de um rótulo "correto", mas de descrever em detalhes os procedimentos (lingüísticos e sócio-cognitivos) pelos quais os atores sociais se referem uns aos outros – por exemplo, categorizando qualquer um como sendo um "homem velho", em vez de um "banqueiro", ou de um "judeu" etc., tendo em conta o fato de algumas destas categorias poderem ter eventualmente conseqüências importantes para a integridade da pessoa (Sacks, 1972; 1992).

Tais variações no discurso poderiam ser interpretadas como dependentes da pragmática da enunciação, mais que da semântica dos objetos. Neste caso, elas deveriam afetar os objetos sociais, mais que os objetos psíquicos, cuja semântica poderá ser considerada como escapando à ideologia, como mais precisa, estável, senão até ligada a valores de verdade. De fato, argumentar-se-á não somente que não é nada disso, que os objetos sociais não são um desvio do modo "normal" de referir, mas que, de modo simétrico, trata-se de considerar a referência aos objetos do mundo psíquico e natural, no âmbito de uma concepção geral do processo de categorização discursiva e cognitiva tal como eles são observáveis nas práticas situadas dos sujeitos.

Depois da teoria dos protótipos de Rosch, as abordagens da categorização evoluíram do quadro filosófico clássico que trata da formação dos conceitos para uma perspectiva mais ecológica que considera que a organização do conhecimento humano é motivada pelos fins adaptativos. Tal conceituação se volta para as "categorias mal formadas", estruturadas de modo típico, opostas às categorias lógicas, definidas pelas condições necessárias e suficientes; ela introduz as fronteiras fluidas entre categorias, e não as decisões definidas de dependência categorial. Conforme explicita Rosch claramente, "um outro modo de assegurar a distintividade e a clareza das categorias ordenadas sobre um *continuum* consiste em pensar cada categoria em termos de casos típicos, em vez de em termos de fronteiras" (1978a: 36). Até o momento, inúmeros autores sublinharam não somente o caráter vago de categorias organizadas pela tipicidade de protótipos, mas também por sua instabilidade, labilidade ou flexibilidade através de contextos e de indivíduos.

A regularidade da estrutura gradual das categorias naturais não contradiz o fato de que as categorias comuns se configuram de modo mais ou menos "*ad hoc*" (Barsalou, 1983), conduzindo a uma variabilidade das segmentações possíveis do *continuum* das experiências humanas. Assim, por exemplo, o piano pode ser categorizado como um instrumento musical no contexto de um concerto, ou como um móvel pesado e incômodo no contexto de uma mudança – e se poderá facilmente imaginar um contexto discursivo em que a referência ao piano percorre sucessivamente uma e outra categoria. Uma adesão particular ao contexto pode ser obtida pelas categorias "*ad hoc*", como aquela das "coisas a arrastar de uma casa em fogo", categoria pertinente no contexto onde uma pessoa está para escapar de um incêndio (Barsalou, 1983:214). Os sistemas cognitivos humanos parecem particularmente adaptados à construção de tais categorias flexíveis, *ad hoc* e úteis a todos os fins práticos, dependentes tanto mais da multiplicidade de pontos de vista que os sujeitos exercem sobre o mundo do que de restrições impostas pela materialidade do mundo.

De um ponto de vista psicolingüístico, as experiências testaram o modo como as anáforas especificam diferentemente uma categoria inicial nos diferentes cotextos: assim, por exemplo, dada a frase "*The bird walked across the barnyard*" – o pássaro caminhou pelo cercado –, o encadeamento esperado na frase seguinte é o definido "*the chicken*" – a galinha –, mais que "*the robin*" – o passarinho –, mesmo que "passarinho" seja geralmente (quer dizer, sem especificações contextuais) uma ave mais típica que "galinha" (Roth; Shoben, 1983:349). Em suma, as variações categoriais, consideradas aqui como "categorias evolutivas", podem ser vistas como recursos que asseguram uma plasticidade lingüística e cognitiva e uma garantia de adequação contextual e adaptativa.

De um ponto de vista lingüístico, quando um contexto discursivo é reenquadrado (Goffman, 1974), as categorias podem ser reavaliadas e transformadas, juntando diferentes domínios, como nas metáforas, recategorizações ou metalepses (Apothéloz; Reichler-Béguelin, aqui mesmo). A variação e a concorrência categorial emergem notadamente quando uma cena é vista de diferentes perspectivas, que implicam diferentes categorizações da situação, dos atores e dos fatos. A "mesma" cena pode, mais geralmente, ser tematizada diferentemente e pode evoluir – no tempo discursivo e narrativo – focalizando diferentes partes ou aspectos. Este domínio pode ser abordado considerando os recursos lingüísticos que servem para tematizar uma entidade, para sublinhar a saliência de um aspecto específico ou de uma propriedade de um objeto, para atrair a atenção do leitor para uma entidade particular (Givón, 1989; Lambrecht, 1994; Berthoud; Mondada, 1995).

Mesmo se nos debruçamos sobre os problemas de denotação dos objetos, observamos que uma modificação do contexto pode levar a mudanças tanto no léxico, como na organização estrutural das categorias cognitivas. Por exemplo, as variações podem ser ligadas ao fato de que a competência do locutor supõe a capacidade de nomear uma variedade de novos objetos em situações novas. Como Labov (1978) mostrou em uma pesquisa experimental sobre a denotação, as fronteiras lexicais entre "*cup*", "*glass*" ou "*bowl*" – xícara, copo, tigela –, utilizadas para referir-se a uma série de delineamentos que evoluem de uma forma a outra, são "vagas" (nos termos dele) ou instáveis (nos nossos termos): quando se exige dos sujeitos que escolham uma palavra ou outra para se referir à "mesma" série de delineamentos que evoluem das "xícaras" típicas para as "tigelas" típicas, segundo diferentes parâmetros de forma, estas são sensíveis ao contexto da denominação e não somente ao próprio objeto. Por exemplo, o mesmo delineamento de um continente pode ser chamado "xícara" em um contexto em que se bebe café ou naquele que Labov chama de contexto "neutro", quer dizer em um contexto em que o tipo de líquido contido não é especificado; pelo contrário, este rótulo pode resvalar para "tigela" em um contexto relacionado a alimento e sopa, ou mesmo para "copo" ou "vaso" em um contexto relacionado a flores (1978:229).

A um nível psicológico – quer dizer, dependente da cognição do indivíduo –, pode-se levar em conta tais instabilidades desde que se pare de tratar a variabilidade como um "erro" ou como uma contradição em relação às etiquetas que serão mais "verdadeiras" que outras ou que reenviarão aos objetos "reais"... Por exemplo, nossa pesquisa sobre a categorização e a denominação das plantas (Dubois et al., 1992) mostrou uma diversidade de discursos e de estruturas cognitivas coexistentes a propósito dos "mesmos" objetos, e a mesma para diferentes tipos de especialistas, de acordo com seus domínios de especialidade. Durante a avaliação sobre doenças de plantas, entrevistamos dois tipos de especialistas, os agricultores que cultivam girassóis e os agrônomos que trabalham em um certo tipo de pesquisa. Pudemos, assim, observar que os dois grupos categorizam a "mesma" série de fotografias do "mesmo" modo (quer dizer: eles produzem a mesma partição de fotografias). Todavia, seus comentários verbais destas "mesmas" categorias são diferentes: o discurso dos agricultores se refere aos estados da doença em evolução, tomados como instantâneos de estados evolutivos bem conhecidos; ao passo que o discurso dos biólogos se refere aos rótulos normais da doença e às propriedades perceptivas das plantas vistas como sintomas.

Para resumir, quer se trate de objetos sociais ou de objetos "naturais", observa-se que o que é habitualmente considerado como um ponto estável de referência para as categorias pode ser "decategorizado", tornado instável, evoluir sob o efeito de uma mudança de contexto ou de ponto de vista. Nosso argumento consiste em dizer que a "estabilidade" resulta, de fato, de um ponto de vista realista que relaciona as categorias às propriedades do mundo – como se a objetividade do mundo produzisse a estabilidade das categorias – no lugar de relacioná-las aos discursos sócio-históricos e aos procedimentos culturalmente ancorados. Se, ao contrário, adotarmos este segundo ponto de vista, não será surpresa ler que a cenoura é transformada de raiz ou de legume em fruta por decisão da Comunidade Européia em janeiro de 1991. Tal decisão foi tomada para permitir a Portugal exportar sua compota de cenouras respeitando a definição categorial legal ou jurídica de compota, que é uma conserva de mistura açucarada de frutas (Pelt, 1994:45). Assim, a administração pode impor uma transformação categorial, mesmo que o conhecimento científico continue a considerar a cenoura como uma raiz e as práticas alimentares, como um legume.

Definindo a figura do *parangon*, Rastier (1991:199) identifica as regularidades de tais mecanismos tanto na descrição sincrônica quanto na diacrônica da semântica lexical. É o caso, ao nível da evolução histórica do léxico, dos processos de extensão e valorização de um termo prototípico. No primeiro caso, a palavra "*viande*" – carne –, designando em francês antigo os alimentos em geral, torna-se por restrição o alimento por excelência; no segundo caso, "*bifteck*" em francês moderno, por extensão sincrônica, significa não somente um corte de carne de boi, mas mais geralmente tudo aquilo de que se tem necessidade para viver (na expressão "*gagner son bifteck*").

Instabilidades categoriais em controvérsias científicas

Se podemos imaginar facilmente que os objetos naturais possam ser desestabilizados e mudados por decisões políticas ou administrativas, é menos corrente considerar as controvérsias científicas como procedendo de um modo similar em sua estabilização de etiquetas verídicas de objetos psíquicos. Se considerarmos a ciência como um raciocínio prático, histórica e socialmente situada, perceberemos que ela é atravessada pelos problemas freqüentes de instabilidade categorial: pode-se até ler sua história como uma sucessão de afirmações e informações de categorias pertinentes.

As controvérsias científicas são provocadas pelos julgamentos divergentes de dependência ou de tipicidade. Neste caso, as controvérsias manifestam diferentes possibilidades de categorização e só são resolvidas quando uma destas possibilidades é selecionada no lugar das outras e é marcada paradigmática e normativamente. É esta seleção que será legitimada e reificada pela história das ciências. Se se toma, por exemplo, a categoria das aves, pode-se ver que, desde o século XVI, os morcegos são aves, mesmo que sejam descritos como mamíferos cobertos de pêlo e não de penas. O que é pior, uma controvérsia em paleontologia foi provocada pela classificação do Arqueoptérix, um animal com penas, mas incapaz de voar, ou como dinossauro, ou como ave. Para os paleontólogos que crêem que os dinossauros têm o sangue frio, o Arqueoptérix é um ancestral das aves; para os paleontólogos que crêem que os dinossauros têm o sangue quente, o Arqueoptérix é um dinossauro que resolveu com suas penas o problema de manter o calor de seu corpo. Estes dois julgamentos categoriais reorganizam, assim, diferentemente, as taxionomias zoológicas e históricas de sua evolução (Latour, 1983:213).[3]

As categorias não são nem evidentes nem dadas de uma vez por todas. Elas são mais o resultado de reificações práticas e históricas de processos complexos, compreendendo discussões, controvérsias, desacordos. As ciências naturais são, assim, um lugar privilegiado onde se pode observar a dinâmica da categorização e da recategorização e suas evoluções lingüísticas e cognitivas. Mais geralmente, a instabilidade caracteriza o modo normal e rotineiro de entender, descrever, compreender o mundo – e lançar, assim, a desconfiança sobre toda descrição única, universal e atemporal do mundo.

A instabilidade das categorias dentro de práticas lingüísticas e cognitivas

A instabilidade das categorias está ligada a suas ocorrências, uma vez que elas estão situadas em práticas: práticas dependentes tanto de processos de enunciação como de atividades cognitivas não necessariamente verbalizadas; práticas do sujeito ou de interações em que os locutores negociam uma versão provisória, contextual, coordenada do mundo.

Transformações seqüenciais das categorias no contexto

No seio das atividades discursivas, a instabilidade se manifesta em todos os níveis da organização lingüística, indo das construções sintáticas às configurações de objetos de discurso. Esta instabilidade é particularmente observável na produção oral, podendo ser observada também nos textos escritos.

A sintaxe do discurso oral pode ser caracterizada pelo que Blanche-Benveniste (1987) chama de "titubeação", de hesitações, de interrupções da linearidade sintagmática, das mudanças e das rupturas do tratamento sintático em tempo real. Estes fenômenos sintáticos manifestam processos de planificação de escolhas paradigmáticas ou de buscas lexicais: hesitando sobre um lexema, o locutor ativa e produz uma lista de lexemas, que podem estar ligados por uma relação de coordenação adicional ou podem constituir uma série de candidatos mutuamente exclusivos, um estando mais apropriado que o outro, como nos exemplos seguintes:

(1) "et alors à ce moment-là j'avais une bourse euh au chose au lycée au collège quoi" (Blanche-Benveniste, 1987:40,141).

(1) "e então naquela época eu tinha uma bolsa anh pelos negócios no liceu do colégio" (Blanche-Benveniste, 1987:40,141).[4]

(2) "je buvais mon petit verre à table mon petit verre enfin un grand verre quoi" (Blanche-Benveniste, 1987:35,140).
(2) "eu bebia uma dose na mesa do bar, uma dose nada, um porre mesmo" Blanche-Benveniste, 1987:35,140).

Estes exemplos ilustram os efeitos de precisão progressiva na afirmação da referência, que se refinam na medida do desenvolvimento temporal da produção discursiva – como se o locutor enumerasse os candidatos lexicais possíveis na busca da melhor adequação para relacionar o que tenta dizer sobre o referente e a situação. Mas este não é o único efeito ligado à planificação imediata da sintaxe oral, em que os locutores utilizam "a primeira palavra que lhes vem ao espírito, em vez de buscar o termo apropriado, a palavra exata" (Brown; Yule, 1983:18): mais positivamente, isto lhes permite construir, passo a passo, um objeto discursivo que não está disponível como uma categoria única e pronta para ser empregada (Mondada, 1995c). A referenciação adequada pode ser vista como um processo de construção de um caminho ligando diferentes denominações aproximadas que não são excluídas pela última escolha. Uma conseqüência disso é que várias tentativas de nomeação podem ser retidas como adequadas, e a correção do erro sendo, então, utilizada como um recurso interacional para invocar formulações alternativas (Jefferson, 1974:181).

A sintaxe oral, bem como a sintaxe da conversação, manifesta os processos que são também observáveis em textos escritos. Este é o caso não somente das rasuras visíveis nos manuscritos (Grésillon; Lebrave, 1982), mas também de subversões da linearidade textual, como nos exemplos seguintes:

(3) Fidèle à ma coutume, je me suis dirigée vers *le port. Le port*!... hélas! c'est *un mur haut de trente pieds*, sur lequel des soldats ou des bateliers affrontent seuls les vertiges; il fallait, pour grimper là, une fermeté que je n'ai point, et, retournant sur mes pas, j'ai quitté *ces faux semblans de quais*, pour me renfermer avec mes souvenirs dans

l'appartement... c'est-à-dire, dans *la salle voûtée, obscure, large et longue*, à ne pas y reconnaître son père, qu'on m'a donnée en guise de chambre à coucher. (Gasparin, *Voyage d'une ignorante dans le midi de la France et l'Italie*, Paris: Paulin, 1835, v 1. p. 147.).

(3) Fiel ao meu hábito, eu me dirigi para o *porto*. O porto!... nossa! É *um muro alto de trinta pés*, sobre o qual soldados ou barqueiros enfrentam sozinhos suas vertigens; é necessário, para subir lá, uma firmeza que eu não tenho, e, voltando por onde vim, eu deixei *o faz de conta de cais*, para me fechar com as minhas lembranças *no apartamento*... quer dizer, *na sala de teto arredondado, obscura e tão ampla* que não reconheceríamos o próprio pai se ele estivesse na outra extremidade, que me foi dada como quarto de dormir. (Gasparin, *Voyage d'une ignorante dans le midi de la France et l'Italie*, Paris: Paulin, 1835, v 1. p. 147.).

(4) S'il m'était permis de raconter [...] je vous dirais par quelle suite d'épreuves il m'a fallu passer pour trouver *une chambre*... non, *un repaire* à la Grande auberge de l'Europe, tenue par il signore Pietro Roberti. (Achard, *Montebello, Magenta, Marignan. Lettres d'Italie* (*mai et jun, 1859*), Paris, 1859:50).

(4) Se me for permitido contar, falarei da série de provações que me foram necessárias para encontrar '*um quarto*'..., não, '*uma toca*' no Grande Albergue da Europa, administrado pelo signore Pietro Roberti. (Achard, *Montebello, Magenta, Marignan. Lettres d'Italie* (*mai et jun, 1859*), Paris, 1859:50).

Nestes exemplos, a denominação dos objetos é negada, reformulada, corrigida pela proposição de uma outra descrição, indicada como sendo mais adequada. O processo de referenciação é desenvolvido no contraste entre as duas denominações, colocando uma primeira descrição canônica mais aproximada, correspondente a uma primeira tentativa; depois, contrastando-a e pondo-a em concorrência com uma segunda, correspondente a uma descoberta surpreendente, que é crítica, mas também mais adequada para identificar o referente. Em termos de processos de categorização, pode-se dizer que uma categoria prototípica ou estereotípica é primeiro considerada como a base mais disponível e compartilhável para a comunicação; em seguida, são operadas modificações que fazem a entidade passar de um ponto central de seu domínio semântico para um ponto periférico, ou que provoca uma recategorização radical. Aqui ainda, a descrição adequada corresponde menos à última denominação proposta que ao percurso que liga as diferentes soluções propostas.

O problema que se coloca aqui não é mais o de formular isso em termos de uma confrontação ou de uma tentativa de cartografia entre as palavras como etiquetas e as entidades "reais" do mundo, mas em termos de identificação de um dispositivo geral que explore as restrições e as potencialidades lingüísticas para desenhar uma representação cognitiva socialmente compartilhada da realidade. Os locutores marcam, eles mesmos, os deslizes entre referencialidade e negociação intersubjetiva dos processos de referenciação, pelos comentários metalingüísticos que pontuam seu discurso, reconhecendo, por exemplo, os conflitos entre várias descrições autorizadas pelos locutores diferentes, como nos fragmentos seguintes:

(5) La ville est partagée par *un sale et méchant filet d'eau*, que quelques relations libérales honorent du nom de *superbe canal.* (de Brosses, *Lettres familières écrites d'Italie en 1739 et 1740*, Paris: Ed. d'Aujourd'hui, 1977, v 1, 110).

(5) A cidade é dividida por *um sujo e insignificante filete de água*, que algumas propagandas generosas chamam de *soberbo canal.* (de Brosses, *Lettres familières écrites d'Italie en 1739 et 1740*, Paris: Ed. d'Aujourd'hui, 1977, v 1, 110).

(6) Ce que dans cette contrée on est convenu d'appeler des *routes*; ce qu'effrontément on indique comme telles sur les

cartes, par une double ligne employée ailleurs pour désigner les grandes communications, ne sont que des *sentiers* d'un pied de larguer, creusés à une profondeur de huit ou dix pouces. (*Haussez, Voyage d'un exilé de Londres à Naples et Sicile*, Lausanne, 1835, v 2, 347).

(6) Isso que nesta região convencionamos chamar de *estradas*; que desaforadamente indicamos como tais nos mapas por uma linha dupla, usada em outros lugares para indicar grandes vias de comunicação, não passa de *atalhos* de um pé de largura, cavados numa profundidade de oito ou dez polegadas. (*Haussez, Voyage d'un exilé de Londres à Naples et Sicile*, Lausanne, 1835, v 2, 347).

(7) "Des palais en marbre blanc!" – s'écriait-on. Je n'apercevais que de *vieux édifices* s'échelonnant les uns sur les autres, et formant espalier, pour ainsi dire. (Gasparin, op. cit., v 1, 146).

(7) "Palácios em mármore branco!" – gritava-se. Eu via somente *velhas construções* enfileiradas umas após as outras, formando treliças, por assim dizer. (Gasparin, op. cit., v 1, 146).

Observamos, aqui, um conflito entre diferentes convenções, diferentes interpretações. Uma categoria lexical impõe um ponto de vista, um domínio semântico de referência, a concorrer com outras categorias sugeridas, e produzindo sentido a partir do contraste com as precedentes. O discurso aponta explicitamente para a não-correspondência entre as palavras e as coisas, e a referenciação emerge da exibição desta distância, da demonstração da inadequação das categorias lexicais disponíveis – a melhor adequação sendo construída por meio de sua transformação discursiva. Nós interpretaremos estas supressões como indicadores de um processo de ajustamento das palavras que não se faz diretamente em relação ao referente dentro do mundo, mas no quadro contextual, a fim de construir o objeto de discurso ao curso do próprio processo de referenciação (Mondada, 1994). Não se pode mais, a partir de agora, considerar nem que a palavra ou a categoria adequada é decidida *a priori* "no mundo", anteriormente a sua enunciação, nem que o locutor é um locutor ideal que está simplesmente tentando buscar a palavra adequada dentro de um estoque lexical. Ao contrário, o processo de produção das seqüências de descritores em tempo real ajusta constantemente as seleções lexicais a um mundo contínuo, que não preexiste como tal, mas cujos objetos emergem enquanto entidades discretas ao longo do tempo de enunciação em que fazem a referência. O ato de enunciação representa o contexto e as versões intersubjetivas do mundo adequadas a este contexto.

Tais instabilidades na identificação de objetos discretos podem ser observadas também a um nível não-lingüístico (ou pelo menos a um nível cognitivo em que a verbalização não é necessária nem explicitamente implicada), nas práticas cotidianas. Em outros termos, a atividade cognitiva individual, ao nível psicológico, é, ela também, uma atividade constante de categorização e não uma simples identificação e reconhecimento de objetos preexistentes. Como desenvolvemos no nível lingüístico, a categorização cognitiva depende, ela também, de um tratamento não exaustivo e seletivo do mundo, ele próprio suscetível de ver transformadas suas finalidades ou suas modalidades adaptativas.

Esta flexibilidade foi testada em uma experiência mostrando que uma série de fotografias de paisagens de estradas poderiam ser recortadas diferentemente em categorias segundo o ponto de vista introduzido pelas instruções dadas aos sujeitos: uma categoria (por exemplo, a da "paisagem urbana") claramente delimitada quando se tratava de responder à instrução de "reagrupar todas as paisagens semelhantes", se distribuía em quatro categorias diferentes quando a instrução era selecionar as fotografias conforme o comportamento de um guia (Dubois et al., 1993; Dubois; Fleury, 1993).

Para resumir este ponto, diremos que, mesmo a um nível não explicitamente verbal (a triagem não demanda nenhuma lexicalização), a discretização do mundo em categorias não é dada absolutamente *a priori*, mas varia segundo as atividades cognitivas dos sujeitos que operam com elas. Em outros termos, ao nível elementar da segmentação do mundo em categorias, os objetos não são dados segundo as "propriedades intrínsecas do mundo", mas construídos através dos processos cognitivos dos sujeitos aplicados ao mundo concebido como um fluxo contínuo de estímulos. O reconhecimento do objeto, mesmo dentro de sua compreensão "infralingüística", não pode ser considerado como a extração de propriedades de um mundo já discretizado, mas como a construção de categorias flexíveis e instáveis, através dos processos complexos de categorização produzindo as categorias potencialmente memorizadas e lexicalizadas.

Processos colaborativos de construção discursiva dos objetos

As instabilidades não são simplesmente um caso de variações individuais que poderiam ser remediadas e estabilizadas por uma aprendizagem convencional de "valores de verdade"; elas são ligadas à dimensão constitutivamente intersubjetiva das atividades cognitivas. É com relação a isto que insistiremos, nesta parte, na referenciação concebida como uma construção colaborativa de objetos de discurso – quer dizer, objetos cuja existência é estabelecida discursivamente, emergindo de práticas simbólicas e intersubjetivas (Mondada, 1994, 1995 a, 1995d).

Se nos voltamos para as conversações comuns, podemos observar não somente que os enunciados são produzidos ou completados colaborativamente (Sacks, 1992; Lerner, 1991), mas também que os objetos de discurso podem ser enriquecidos, alimentados, construídos coletivamente por diferentes locutores (Clark & Wilkes-Gibbs, 1986) – este processo de colaboração interacional podendo modificar radicalmente os objetos referidos.

(8)

1 A: c'est un endroit que j'adore/ vraiment qui est merveilleux/

2 B: qui a été défiguré [COMplètement\

3 A: [qui a été DEfiguré complètement\
alors il reste encore quelques parties côté Vauvenargues et:
4 B: oui oui
5 A: et je crois que ça va revivre/ heureusement/ grâce à l'effort de:
6 B: Cézanne a dû se retourner dans sa tombe\
7 C: mais qu'il risque de l'ê[tre encore plus par [le: TGV - et: (?)
8 A: [voilà   [non c'est
ça // non non c'est ça / y a le problème du TGV qui: qui vient se greffer là-dessus /

(8)
1 A: é um lugar que eu adoro / que é verdadeiramente maravilhoso /
2 B: que foi desfigurado [COMpletamente\
3 A: [que foi DESfigurado completamente \
então restam ainda algumas partes ao lado de Vauvenargues e:
4 B: sim sim
5 A: e eu creio que isto vai reviver/ felizmente/ graças ao esforço de:.
6 B: Cézanne deve estar se revolvendo em seu túmulo \
7 C: mas ele se arrisca de ser ainda mais pelo [o: TGV - e: (?)
8 A: [ótimo   [não é
isto // não não é isto / e tem o problema do TGV que: que vem se meter lá embaixo /

Em 2, **B** colabora com a afirmação de propriedades descritivas do objeto discursivo introduzido por **A**. Ele o faz terminando seu enunciado, ajuntando-lhe uma nova relativa conectada à precedente. Esta colaboração sintática, todavia, serve para desenvolver um argumento diferente: no lugar de valorizar o lugar que está em questão, como o faz **A**, **B** sublinha a importância dos desperdícios ecológicos. **A**, em 3, leva efetivamente em consideração este argumento, repetindo-o, mas volta, em seguida, a sua linha argumentativa. **B** o interrompe (em 6) e impõe seu argumento, graças ao apoio de **C**, que liga sua intervenção a **B** (e não a **A**). **A** integra, pela segunda vez, este argumento em seu discurso, que, por sua vez, continuará em seguida esta linha. Mesmo se **A** introduz explicitamente seus objetos discursivos, estes não lhe pertencem mais e se transformam, sendo ordenados coletivamente de modo amplamente independente das intenções individuais.

Mesmo nas situações em que os locutores tentam controlar seus processos de construção de sentido, com o objetivo de produzir respostas explícitas e completas às questões tão unívocas quanto possíveis, como é o caso nas conversações, os objetos de discurso são sensíveis à variação contextual (Mondada, 1995b):

(9)
1 E: c'est le centre-ville/
2 G: ouais c'est le centre-ville alors\
3 E: pour vous vous avez l'impression d'être au centre-ville/
4 G: ah oui tout à fait alors tout à fait hein\
5 E: mhm mhm
6 G: et puis je crois qu'il y a pas un autre quartier plus/ mieux que ça donc\
7 E: [mhm mhm
8 G: [pour aller au centre-ville donc\ système de communication/ tout ça c'est c'est bien défini c'est bien placé\

(9)
1 E: é o centro da cidade/
2 G: sim é o centro da cidade então \
3 E: para vocês vocês têm a impressão de estar no centro da cidade /
4 G: ah sim é verdade então de fato hein \
5 E: mhm mhm
6 G: e depois eu acho que não tem um outro bairro / melhor que este então \

7 E: [mhm mhm
8 G: [para ir ao centro da cidade então \ sistema de comunicação/tudo isso é bem definido é bem localizado\

Nesta breve troca, ao longo de uma conversação sociológica, **G** dá duas versões diferentes da localização de seu "quartier" na cidade: quando ele responde ao interlocutor E ele reconhece que está centralmente localizado; pelo contrário, quando ele propõe uma descrição, ele o localiza em relação com o centro, algo não longe dele (utilizando o verbo "*aller*" – ir -, pelo qual ele se situa a partir da origem e identifica o "centro" como um alvo separado). Sua descrição é, assim, orientada colaborativamente para o contexto, ela não pode ser extraída de uma afirmação definitiva nem pode ser isolada. Este é o caso também dentro do contexto de uma pesquisa científica em laboratório, mesmo lá, onde as descrições produzidas são consideradas como definidas em relação a sua adequação aos fatos observados. Com efeito, quando se analisam as conversações entre pesquisadores, observamos que as descrições são menos orientadas para a realidade em si mesma que para a realização negociada de uma versão pública e aceitável do mundo (Mondada, 1995e). Assim é no exemplo seguinte, emprestado de Lynch (1985):

(10)
1 M ther no:t, clear there=
2 J =th'thing is's thee ehm
3 (1.5)
4 J thisiz gar*bajhe*- ooh there's one right there!
5 (2.0)
6 M *is*: it?=
7 J =wehh I dun[nuh
8 M [nuhh (thet) doesn'look like vesiculs
9 (0.3)
10 M hhlooks more like a spine er s'm-
11 (1.0)

12 J mm well it would be one of two thi:ngs hh I guess those could be microtubules cut et an angle so (we won't) circle it
(10)

1M não tem, limpe lá
2J a coisa é o
3 (1.5)
4 isso é sujeira - oh, tem um bem ali!
5 (2.0)
6M é isso?
7J bom, eu 'num' sei
8M não (isso) não parece com vesículas
9 (0.3)
10M parece mais com uma espinha ou algo assim
11 (1.)
12J hum bom isso só pode ser uma coisa entre duas hum eu acho que aqueles ali podem ser cortes microtúbulos e um ângulo então (nós não iremos) circundá-los

A interação tem lugar num laboratório de neurofisiologia, onde dois pesquisadores se ocupam de observar uma montagem de micrografias eletrônicas, pesquisando a ocorrência de axônios terminais. Esta leitura da micrografia é coletiva e negociada: todos tendo afirmado a má qualidade do documento (1, 4), **J** em 4 anuncia que identificou um axônio. Esta "descoberta" é posta em dúvida pelo silêncio que a segue (5) e pela pergunta de **M** (6): **J** reage e retoma sua afirmação modalizando-a fortemente (7). Deste modo, ele mostra uma forte sensibilidade à construção interativa da notícia de uma eventual descoberta: a incerteza da dependência categorial de tal ocorrência é interacionalmente discutida e elucidada. Outras modificações do objeto são observáveis, no curso de diferentes descrições: o objeto poderia ser uma "vesícula" (quer dizer, um axônio) ou um "espinho", mas nenhuma escolha é feita entre as duas denominações (12). A escolha verdadeira é a decisão tomada, "*not to circle it*" – não circundá-lo -, que significa que, depois desta negociação, o objeto não será considerado como uma instância adequada do fenômeno que está para ser descrito, quer dizer, uma instância que poderá ser mencionada na versão pública do fato, ser submetida à comunidade científica ou incluída nos dados estatísticos que apóiam este tipo de observação (Lynch, 1985:220).

O caráter referencialmente vago é geralmente inevitável na conversação e mais especificamente quando os pesquisadores se acham face a objetos desconhecidos ou não-identificados, que podem posteriormente se revelar descobertas ou artefatos: o que está em jogo não é, de tal modo, ter acesso a um último plano referencial estável e objetivado para compreender estas referências vagas, mas muito mais a possibilidade de descrever os processos de coordenação entre os locutores e a organização das atividades nas quais eles estão envolvidos (Lynch, 1993:285 fala de propriedades racionais das expressões indiciais; numa perspectiva diferente, Clark; Wilkes-Gibbs, 1986 falam de estabelecimento de uma "crença mútua" suficiente para os objetivos correntes da conversação).

Em conclusão, a indicialidade da linguagem e do discurso quebra a ilusão de dar uma descrição única e estável do mundo e sublinha sua necessária dependência contextual. No lugar de ser atribuível a uma falta de eficácia do sistema lingüístico e cognitivo, esta dimensão manifesta sua capacidade de tratar a variabilidade das situações através de uma categorização adaptativa. O fato de que as descrições do mundo são necessariamente incompletas e de que a categorização evolui de modo flexível torna sua produção indissociável do trabalho de interpretação pelo qual o interlocutor as completa e as ajusta ao contexto. Isto não significa que as descrições são caóticas ou desordenadas: os sujeitos possuem estruturas cognitivas, notadamente memoriais, que permitem dar uma estabilidade a seu mundo, assim como procedimentos sistemáticos para organizar a co-construção dos objetos de discurso. Salientando as instabilidades categoriais, nós vamos querer mostrar que elas repousam sobre processos complexos, que operam a um nível psicológico, discursivo, lingüístico, advindas de competências sociais, de pontos de vista, de atividades situadas e de práticas intersubjetivas e não de propriedades incertas do mundo.

Na última parte deste artigo, levaremos em consideração a outra face destes processos categoriais, tratando as possibilidades, os recursos, os meios práticos que permitem estabilizar as instabilidades.

Processos de estabilização

Focalizaremos primeiro a estabilização das categorias a um nível psicológico, através da prototipicidade, depois a um nível lingüístico, com a lexicalização, os estereótipos e a anáfora. Terminaremos considerando a importância das técnicas de escrita, de impressão, de visualização de entidades cognitivas e simbólicas em sua estabilização.

Protótipos, estereótipos e designação como processos de estabilização

A conceituação de Rosch dos princípios de categorização permite caracterizar os protótipos como construções dinâmicas mais que como representações estabilizadas, estocadas na memória: "falar de protótipos é simplesmente uma ficção gramatical cômoda; o que está realmente em jogo são os julgamentos do grau de prototipicidade" (Rosch, 1978:37). Todavia, os princípios de categorização que ela invoca para explicar a formação de protótipos – como a economia cognitiva e as restrições perceptuais – têm levado a acentuar o estatuto de representações estruturadas e estabilizadas. Em outros termos, o sistema cognitivo construiria com a ajuda de protótipos as invariantes psicológicas que dariam uma estabilidade às interpretações que os homens fazem do mundo: "os protótipos aparecem como os membros da categoria que mais refletem a estrutura redundante da categoria como um todo" (Rosch, 1978 a:37).

Estritamente falando, os protótipos restariam a partir de construções psicológicas e individuais. Todavia, como bem viu Rosch, a lexicalização contribui para sua estabilização posterior. Para Rosch, então, "quando os nomes das categorias são tomados, eles tendem a se relacionar primeiro ao estímulo saliente (generalizando-se somente mais tarde para outras instâncias fisicamente similares): por este meio, as cores naturais prototípicas tornam-se os núcleos organizacionais das categorias" (Rosch, 1978:49).

Os nomes enquanto rótulos correspondem aos protótipos e contribuem para sua estabilização ao curso de diferentes processos. Primeiro, eles correspondem às unidades discretas da língua, que permitem uma descontextualização do protótipo segundo os paradigmas disponíveis na língua e garantem sua invariância através dos contextos. Em seguida, a nomeação do protótipo torna possível seu compartilhamento entre muitos indivíduos através da comunicação lingüística, e ele se torna, de fato, um objeto socialmente distribuído, estabilizado no seio de um grupo de sujeitos. Tal protótipo compartilhado evolui para uma representação coletiva chamada geralmente de estereótipo.

Se seguirmos Rosch nas grandes linhas de sua análise dos processos de estabilização dos protótipos através da nomeação, não podemos renunciar a duas observações críticas que nos parecem pertinentes para a questão da instabilidade da referência. Em primeiro lugar, a análise de Rosch se limita a uma concepção que reduz a língua a uma nomenclatura, e a denominação a uma cartografia direta dos nomes (rótulos) para as coisas (mesmo quando as coisas se tornam mentais via protótipo) – concepção cujo caráter problemático já mostramos na primeira parte deste artigo. Em segundo lugar, se a interpretação dos processos evolutivos dos protótipos em estereótipos através da lexicalização é produtiva, pensamos que é necessário levar em conta a passagem de um nível puramente subjetivo para um nível intersubjetivo – ainda mais que o domínio social de validação deste protótipo/ estereótipo permanece amplamente subespecificado (sendo tanto relacionado ao senso comum e ao sentido convencional das palavras, quanto às conceituações das ciências naturais).

Numerosos lingüistas já observaram que as unidades lexicais estabilizam convencionalmente os significados das palavras numa comunidade lingüística; parece-nos que o processo de estabilização exerce uma atenção particular em comparação com a lingüística cognitiva contemporânea (cf. Langacker, 1987; Kleiber, 1990 dentre outros), que fala de estereótipos como sendo psicologicamente fundados em "efeitos de prototipicidade na língua" (Lakoff, 1987:59) e que os representa formalmente nos sistemas de inteligência artificial. Neste quadro, a evolução dos protótipos e das significações das palavras para estereótipos não se baseia mais em propriedades realistas ou de valores de verdade, mas na codificação social dos modos de falar e de representar o mundo, até mesmo na sua implementação tecnológica (Dubois; Resche-Rigon, 1993).

Anáfora e procedimentos de estabilização discursiva

No âmbito da temporalidade discursiva, as inscrições textuais podem ter igualmente um efeito estabilizador ou desestabilizador, propor e corrigir, especificar e convencionalizar os usos categoriais. Os fenômenos invocados para avaliar a generalidade das instabilidades nos discursos intervêm também nos procedimentos de estabilização. Assim, por exemplo, a anáfora tem sido vista tanto como um modo de ilustrar tipicamente o problema dos referentes evolutivos (Charolles; Schnedecker, 1994), quanto como um modo de estabilizar ou de focalizar uma denominação particular, excluindo para isso outras possibilidades, mesmo se elas estiverem potencialmente disponíveis no texto:

(11) Sur la droite de Baïa, et attenant au rivage qui borde la mer, est *un édifice connu sous le nom de tombeau d'Agrippine*; on y pénètre à l' aide de torches par une entrée assez étroite. D'après la construction, il nous semblait beaucoup plus naturel de croire que nos avions sous les yeux *un théâtre plutôt qu'un tombeau*: c'est, du reste, l'opinion de beaucoup d'antiquaires. Cependant, tant qu'on viendra à Baïa, on ira voir *le tombeau d'Agrippine* quoiqu'elle ait été enterrée sur la hauteur, près de Misène et de la maison de César. (*L'Italie, la Sicile, les Iles Eoliennes, l'Ile d'Elbe, Malte, l'Ile de Calypso* etc., Paris, 1834-7, v 2 a, 111-112).

(11) À direita da Baía, e próximo à orla que circunda o mar, há *uma construção conhecida sob o nome de túmulo de Agrippine*. Entra-se com a ajuda de tochas por uma entrada muito estreita. Diante da construção, parecia-nos muito mais natural acreditar que tínhamos diante dos olhos *um teatro e não um túmulo*: esta, aliás, é a opinião de muitos antiquários. No entanto, sempre que se vem à Baía, vê-se o *túmulo de Agrippine* ainda que ela tenha sido enterrada no alto, perto de Misène e da casa de César. (*L'Italie, la Sicile, les Iles Eoliennes, l'Ile d'Elbe, Malte, l'Ile de Calypso* etc., Paris, 1834-7, v 2 a, 111-112).

(12) On trouve *une voûte isolée*, en plein centre, qu'on dit être *le tombeau d'Agrippine. Cette voûte...* (Cochin, *Voyage d'Italie*, Paris, 1758, v 1, 213).

(12) Encontra-se *uma abóboda isolada*, em pleno centro, que se diz ser *o túmulo de Agrippine. Esta abóbada...* (Cochin, *Voyage d'Italie*, Paris, 1758, v 1, 213).

Se compararmos estas duas descrições, observaremos que uma pode desencadear uma série de descritores dotados de valores dessemelhantes. No primeiro exemplo, o descritor "*tombeau d'Agrippine*" – túmulo de Agripine – é fortemente modalizado, inscrito na expressão de crenças, reputações, opiniões, mas também na oposição entre uma perspectiva impessoal ("*on*") e subjetiva ("*nous*" - nós). Estes elementos são orientados para uma desqualificação da denominação do objeto como "*tombeau d'Agrippine*" – túmulo de Agripine –, mesmo que o texto mantenha ironicamente este descritor, exibindo-o como ligado mais aos usos convencionais que a um valor "de verdade". O segundo exemplo contendo elementos menos modalizados está baseado na oposição entre o que é visto e o que é dito; a escolha é decidida pela anáfora, que seleciona o primeiro e exclui o segundo descritor.

O discurso tem outras possibilidades de marcar sintagmaticamente a estabilização de uma categoria:

(13) Je vois que M. de la Lande parle de la beauté et de la situation de ce palais. Effectivement, je n'ai rien vû qui ait l'air *si palais*. La situation y contribue sûrement beaucoup. (Bergeret, *Voyage d'Italie 1773-1774*, Paris, 1948, 41).

(13) Eu vejo que M. de la Lande fala da beleza e da situação deste palácio. Efetivamente, eu não vi nada que tenha ares de *palácio*. A situação certamente contribui muito. (Bergeret, *Voyage d'Italie 1773-1774*, Paris, 1948, 41).

(14) La ville, *car c'est une ville*, se compose de quarante à cinquante maisons, qu'entoure une haute et forte muraille, pour les garantir des brigands de terre et de mer. (Simond, *Voyage en Italie et en Sicile*, Paris, 1828, v 2, 34).

(14) A cidade, *pois é uma cidade*, é composta de quarenta a cinqüenta casas, que são contornadas por uma alta e forte muralha para protegê-las dos bandidos de terra e de mar. (Simond, *Voyage en Italie et en Sicile*, Paris, 1828, v 2, 34).

Esses tipos de fórmula confirmam ou reforçam, pela repetição, a utilização de um certo descritor, "*palais*" – palácio – ou "*ville*" – cidade (que encontramos em outras expressões como "*pour un oiseau c'est un oiseau*", ou "*c'est un oiseau oiseau*"). Isto tem como efeito centrar a utilização do descritor, de modo a estabilizar o objeto como prototípico. A necessidade de um uso redundante do mesmo designador e de sua ratificação ao longo do desenvolvimento textual mostra a instabilidade dos descritores particulares, que correm constantemente o risco de serem criticados ou abandonados.

A inscrição como processo de estabilização

A materialização das categorias cognitivas e lingüísticas através de diferentes técnicas será o último exemplo de estabilização e objetivização que abordaremos aqui. Tal materialização não concerne apenas aos artefatos psíquicos – que resultam, eles próprios de atividades cognitivas – mas também e sobretudo aos meios de inscrição tais como a escrita, a imprensa, a imagem. Goody (1977) sublinhou o fato de que a escrita "domestica o espírito", muda radicalmente os modos pelos quais é possível compreender e pensar o mundo. A escrita permite dispor e fixar, dentro das relações espaciais, o fluxo temporal das palavras do discurso oral. Ela permite novas formas de cálculo (Lave, 1988, mostra que as capacidades matemáticas são radicalmente diferentes conforme os sujeitos utilizem a pena e o papel ou não), de raciocínio lógico, de argumentação (por exemplo, a habilidade de desenvolver os silogismos é ligada à manipulação de diagramas sobre o papel). Ela permite também estocar, memorizar, reencontrar os dados a serem manipulados cognitivamente, assim como organizá-los pelas formas que exploram sua disposição sinóptica e ordenada.

Estas possibilidades têm sido exploradas desde muito tempo: no começo, a forma escrita privilegiada foi a lista – não somente sob a forma de listas de contas, mas também de listas genealógicas ou de listas lexicais. Estas últimas favorecem a emergência de uma norma que legitima e avalia a correção lingüística, pela qual o sistema lingüístico é estabilizado; e, ainda, elas favorecem a co-presença descontextualizada de unidades lingüísticas que deixam aparecer a possibilidade de considerar a língua como um objeto de estudo, de vê-la como um sistema, de desenvolvê-la espacialmente em suas relações abstratas e descontextualizadas. Auroux mostrou que o conhecimento lingüístico explora os recursos da escrita na medida em que espacializa o texto ou as palavras, normalmente afetadas pela linearidade da língua (1994:52). A forma tabular permite tornar visíveis as regularidades invisíveis nos usos lingüísticos. Mais tarde, o aparecimento da imprensa irá de par com uma outra revolução tecnológica maior, a "gramatização", que consiste na produção, depois da Renascença, de gramáticas e dicionários de todas as línguas do mundo sobre a base do paradigma greco-latino, permitindo uma padronização da apreensão dos vernáculos europeus e das línguas não-européias.

Mais geralmente, a estabilização das representações através das tecnologias de inscrição permite o desenvolvimento do pensamento científico. Mais particularmente, a ciência moderna emergiu quando a imprensa pôde fornecer "um enunciado visual reproduzível com exatidão (Ivins, 1953; ver também Eisenstein, 1979): "o que é específico da ciência moderna é a convergência entre a observação exata e a verbalização exata: descrições exatamente verbalizadas de processos e de objetos complexos cuidadosamente observados. A disponibilidade de gravuras técnicas detalhadas (as primeiras gravuras em madeira e mais tarde as gravuras em metal) permitiu implementar as descrições meticulosamente verbalizadas" (Ong, 1982:127).

As práticas científicas não podem ser concebidas sem as inscrições que produzem os "móveis imóveis" (Latour, 1988). No laboratório, a objetividade emerge de uma série de transformações operadas ao curso das inscrições que constroem a inteligibilidade e a objetividade das afirmações científicas, que podem também tornar-se fatos. As inscrições são móveis: elas podem circular em amplas redes. Ao mesmo tempo, elas são imóveis: são fixas e não se transformam em seu movimento. Assim, elas produzem a inteligibilidade dos fenômenos, reduzindo-as a superfícies planas (uma lista, um fichário, um recenseamento, uma carta, um índice etc), permitindo dominar sinopticamente os fatos, recombinar os dados, mudar sua escala sem mudar suas propriedades, de modo a torná-los manipuláveis. As inscrições podem ser reproduzidas, permitindo não somente sua circulação, mas também sua comparação através do tempo e do espaço. Elas tornam os fatos disponíveis na própria materialidade do texto: "um laboratório real pode ser definido como um lugar único onde um texto é construído para comentar as coisas que estão todas presentes nele. Pelo fato de o comentário, os textos precedentes (através das citações e das referências) e as "coisas" terem a mesma consistência ótica e a mesma homogeneidade semiótica, a escrita realiza um grau extraordinário de certeza [...] O texto não é simplesmente "ilustrado", ele comporta em si mesmo tudo o que tem a ver com aquilo a propósito de que ele foi escrito". (Latour, 1988:46). Uma vez assim estabilizados pelos textos e pelas inscrições visuais, os fatos resistirão às desestabilizações possíveis da controvérsia, terminando por se impor como sendo evidente e por tonar-se referentes estáveis da ciência.

Conclusões

Tentamos mostrar que a questão da "referência" pode ser revisitada por duas linhas argumentativas, que concernem, de um lado, à categorização, graças às pesquisas psicológicas recentes sobre os processos pelos quais os sistemas cognitivos dão uma estabilidade ao mundo, e, de outro, a uma perspectiva lingüística interacionista e discursiva que considera os processos de referenciação em termos de construção de objetos de discurso e de negociação de modelos públicos do mundo. Num quadro interdisciplinar, era importante para nós refletir sobre os fundamentos teóricos comuns, as convergências e as complementaridades destas duas abordagens, com o cuidado de fugir à tentação de reduzir um nível ao outro, considerado mais explicativo, mas que nega a autonomia dos múltiplos "*couches de l'être*".

A análise conseqüente dos processos de referenciação que participam da constituição de um mundo discretizado, dotado de factitividade e fazendo sentido, transforma radicalmente a questão da referência: no lugar de se referir a uma ordem de mundo ideal e universal e à sua nomeação, tentamos explicitar os diferentes níveis nos quais a referência é produzida pelos sistemas cognitivos humanos, utilizando uma ampla variedade de dispositivos e de restrições, aqueles das línguas naturais. A entrada é o reconhecimento do papel central das práticas lingüísticas e cognitivas de um sujeito "envolvido", social e culturalmente ancorado, assim como da multiplicidade, mais ou menos objetivada, mais ou menos solidificada, das versões do mundo que elas produzem.

Referências bibliográficas

APOTHÉLOZ, D., M. J. REICHLER-BÉGUELIN (ici-même): "Construction de la référence et stratégies de désignation".

AUROUX, S. (1994): *La révolution technologique de la grammaticalisation*, Bruxelles, Mardaga.

BARSALOU, L. (1983): "Ad-hoc categories", *Memory and Cognition 11*, 211-227.

BERTHOUD, A. C., L. MONDADA (1995): "Modes d'introduction et de negotiation du topic dans l'interation verbale", in: VÉRONIQUE, D., R. VION (éds): *Modèles de l'intéraction verbale. Actes du Colloque sur l'Interacrion sociale, Université de provence, septembre 1991*, Aix-en-Provence, Université de Provence, 277-303.

BLANCHE-BENVENISTE, C. (1987): "Syntaxe, choix de lexique et lieux de bafouillage", DRLAV 36-37, 123-157.

BROWN, G., G. YULE (1984): *Discourse Análisis*, Cambridge, Cambridge University Press.

CLARK, H. H., D. WILKES-GIBBS (1986): "Referring as a collaborative process", *Cognition* 22. 1-39.

COHEN, M. (1977): *Sensible Words: Linguistic Pratice in England, 1640-1785*, Baltimore, Jonh Hopkins University Press.

DUBOIS, D. (à paraître): "Catégories sémantiques naturelles: enjeux pluridisciplinaires", in: LÜDI, G. (ed.): *Linguistique et modèles cognitifs, ARBA*, Université de Bâle.

DUBOIS, D., D. FLEURY (1993): "From classification to cognitive categorization: the example of the road lexicon", in: DIDAY, E. (éd.): *Actes de l'IFCS-93I*, Berlin, Springer Verlag.

DUBOIS, D., P. RESCHE-RIGON (1993): "Prototypes ou stéréotypes: productivité et figement d'um concept", in: PLANTIN, C. (éd.) *Lieux communs, Topoï, Stéréotypes et Clichés*, Paris, Kimé.

DUBOIS, D., R. BOURGINE, P., RESCHE-RIGON (1992/93): "Conaissances et expertises de divers acteurs économiques dans la catégorisation d'um objet perceptif", *Intellectia* 15, 241-271.

DUBOIS, D., D. FLEURY, C. MAZET (1993): "Representations catégorielles: perception et/ou actions", in: WEIL-FASSINA, A., P. RABARDEL. D. DUBOIS (éds): *Representations pour l'action*, Toulouse, Octares.

ECO, U. (1993): *La recherché de la langue parfaite*, Paris, Seuil.

EISENSTEIN, E. (1979): *The printing Press as an Agent of Change*, Cambridge, Cambridge, University Press.

GIVON, T. (1989): *Mind, Code and Context. Essays in Pragmatics*. Hillsdale, Lawrence Erlbaum.

GOFFMAN, E. (1974): *Frame Analyses. An Essay on the Organization of Experience*, New York, Haper and Row.

GOODY, J. (1997): *The Domestication of the Savage Mind*, Cambridge, Cambridge University Press.

GRACE, G. W. (1987): *The linguistic construction of reality*, London, Croom Helm.

GRÉSILLON, A., J.-L. LEBRAVE (1982): "Les manuscrits comme lieu de conflits discursifs", in: *La genèse du texte: les modèles linguistiques*, Paris, CNRS, 129-175.

IVINS, W. M. (1973): *On the Rationalization of the Sight*, New York, Plenum Press.

JEFFERSON, G. (1990): "Error Correction as an Interational Resource", *Language in Socity 2*, 181-199.

KLEIBER, G. (1990): *La sémantique du prototype*, Paris, P.U.F.

LABOV, W. (1978): "Denotational structure", *Chicago Linguistic Socity 14*, 1, 220-260.

LAMBRECHT, K. (1995): *Information structure and sentence form. Topic, focus, and the mental representation of discourse referents*, Cambridge, Cambridge University Press.

LANGACKER, R. (1987): *Foudations of cognitive grammar*, Stanford, Stanford University Press.

LATOUR, B. (1983): "Comment redistribuer le Grand Partage?", Revue de Synthèse III, 110, 203-236.

LAVE, J. (1988): *cognition and Practice, Mind, Mathematics and Culture in Everyday Life*, Cambridge, Cambridge University Press.

LERNER, G. H. (1991): "On the syntax of sentence-in-progress", *Language in Society 20*, 441-458.

LYNCH, M. (1985): *Art and Artifact in Laboratory Science: A Study of Shop Work and Shop Talk in a Research Laboratory*, Boston, Routlege and Kegan Paul.

LYNCH, M. (1993): *Scientific Practice and Ordinary Action*, Cambridge, Cambridge University Press.

MONDADA, L. (1994): *Verbalisation de l'espace et fabrication du savoir: Approche linguistique de la construction des objets de discours*, Lausanne, Université de Lausanne, Thèse.

MONDADA, L. (1995a): "La construction interactionnell des topics", *Formes linguistiques et dinamiques interactionnelle, Colloque de Lausanne, 18-19 novembre, 1994, Cahiers de l'Instutut de Linguistique et Sciences du Langage 7*, Univ. de Lausanne.

MONDADA, L. (1995b): "L'entretien comme évenement interactionnel. Approche linguistique et conversationnelle", in: THIBAUD, J.-P., M. GROSJEAN (éds): *Méthodes d'ivestigation des espaces publics urbains*, Lyon, Presses Universitaires de Lyon.

MONDADA, L. (1995c): "La construction discursive des catégories", in: DUBOIS, D. (éd): *Actes du Colloque "Catégorisation, représentation des conaissances et systèmes symboliques", Paris, 16 – 17 septembre*, Paris, Kimé. ", *Neuchâtel, 19-21 mai 1994, SCOLIA 4.*

MONDADA, L. (1995d): "Planification des énoncés et séquences interactionnelles", *Actes du Colloque BENEFRI* - Strasbourg, *"Problèmes de sémantique et de relations entre micro- et macro- suyntaxe", Neuchâtel, 19-21 mai 1994, SCOLIA 4.*

MONDADA, L. (1995e): "La construction discoursive des objets de savoir dans l'écriture de la science", *Réseaux 71*, 55-77.

ONG, W. (1982): *Orality and Literacy. The technologizing of the Word*, New York, Routledge.

PADLEY, G. A. (1985): *Grammatical Theory in Western Europe, 1500 – 1700: Trends in Vernacular Grammar*, Cambridge, Cambridge University Press.

PELT, J. M. (1994): *Des fruits*, Paris, Fayard.

PIAGET, J. (1974): La pensé physique, Épistemologie génétique, Paris, PUF.

Notas

[1] MONDADA, Lorenza; DUBOIS, Danièle. Construction des objets de discours et catégorisation: une approche des processus de référenciation. *TRANEL* (Travaux neuchâtelois de linguistique). 1995, 23. p 273-302. / Tradução de Mônica Magalhães Cavalcante; revisão de Francisco Roterdan F. Damasceno e Alena Ciulla/.

[2] A problemática recente dos "referentes evolutivos" emerge no seio deste quadro conceptual. Charolles e Schnedecker (1994: 106; cf. Schnedecker e Charolles, 1994:197) definem esta noção como concernente "às expressões anafóricas que remetem a uma entidade que sofre, à medida que o discurso se desenvolve, diversas transformações com graves prejuízos ao seu estado, ao ponto de podermos perguntar se, ao cabo destas transformações, ainda se tem a mesma entidade e se ainda é possível falar de correferência". Neste quadro teórico, os fenômenos considerados são descritos como transformações de objetos no mundo, aos quais correspondem ou não transformações de seus rótulos verbais. Tal concepção referencial pressupõe um mundo objetivo preexistente ao discurso, objetos *a priori* discretos e estáveis e unidades discursivas discretas, cuja significação é dada por sua cartografia dos objetos do mundo real através da referência e da nomeação. A "referência evolutiva" se põe como problema unicamente no quadro de uma referência objetiva e verdadeira, onde existe não somente o mundo, mas também uma série de entidades estruturadas previamente a sua interpretação por um sistema cognitivo. Ver a crítica articulada que fazem Apothéloz e Reichler-Béguélin (aqui mesmo), partindo dos mesmos pressupostos que nós.

[3] Ver outros exemplos em Apothéloz; Reichler-Béguelin (aqui mesmo).

[4] NT: Mantivemos a versão em língua original de todos os exemplos desta obra a fim de permitir ao leitor observar as especificidades estruturais de cada língua. A tradução foi posta logo abaixo de cada exemplo, e não em nota de rodapé, para aumentar o grau de legibilidade.

Papel e funcionamento da anáfora na dinâmica textual

Denis Apothéloz[1]

A problemática da anáfora

Problemas gerais

Forma ligada e forma de retomada

Benveniste já observara que a frase, enquanto nível de análise, se distingue dos níveis lingüísticos de ordem inferior, como o fonema, o morfema ou o lexema porque não constitui uma unidade formal que pode entrar como constituinte em uma unidade de nível superior. De modo que, segundo uma formulação que permanece célebre, "com a frase, saímos do domínio da língua como sistema de signos, e entramos em um outro universo, o da língua como instrumento de comunicação, cuja expressão é o discurso" (1966:129-130).

A fronteira que Benveniste traça aqui é a que opõe duas ordens de fatos: aquele, formal, da sintaxe, e aquele da ação da linguagem. Por isso essa distinção interessa diretamente à problemática da anáfora. As expressões anafóricas têm, com efeito, propriedades diferentes, e não sofrem as mesmas restrições, conforme sejam ou não controladas sintaticamente por seu antecedente (para o caso, evidentemente, de haver um). Quando tal controle existe, a interpretação do anafórico tem a inferência de uma interpretação sintática; senão, ela é dependente de fatores contextuais e pragmáticos. Examinaremos brevemente esta questão, inspirando-nos, para tanto, na exposição que fez Bosch

(1983). Alguns dos exemplos abaixo são traduções de exemplos discutidos por este autor. Somente as anáforas pronominais serão levadas em consideração.

Para começar, convém distinguir três tipos de lugares em que um pronome pode aparecer. Sejam os exemplos seguintes:

(1) *Jean* a l'air pâle. *Il* est peut-être malade.
(1) *Jean* parece pálido. *Ele* pode estar doente

(2) *Jules* aime *se* voir dans un miroir.
(2) *Jules* adora olhar-*se* no espelho.

(3) *Jean* reconnaît qu'*il* est malade.
(3) *Jean* reconhece que *ele* está doente.

Em (1), *Jean* e *ele* são expressões que se encontram em frases diferentes. Designando ou não o mesmo referente, eles não podem ser ligados por uma relação sintática; de sorte que a interpretação do pronome é exclusivamente dependente do contexto.

Em (2), o pronome *se* está ligado sintaticamente à expressão *Jules*, mais exatamente à posição sintática do sujeito que ocupa esta expressão. Existe, entre as duas expressões, uma relação de recção. Esta relação é da mesma ordem da que existe entre o sujeito de um verbo e a flexão verbal de pessoa, por exemplo; entre o pronome *nous* e a flexão *–ons* em *nous mangeons* – nós comemos. A interpretação do pronome repousa aqui, por conseqüência, exclusivamente sobre a relação sintática.

O exemplo (3) admite, por sua vez, duas interpretações: uma na qual *ele* designa uma outra pessoa diferente de Jean; outra na qual *ele* designa Jean. Na primeira, não há nenhuma relação anafórica entre o pronome e o sujeito da oração principal; as duas expressões têm referentes distintos, e a interpretação do pronome é dependente de fatores contextuais; estamos, então, em um caso análogo a (1). Mas, na segunda interpretação, o pronome está ligado à posição sintática de seu antecedente *Jean* e é regido por esta expressão; estamos, assim, em uma situação análoga a (2).

Portanto, dois fatos levam a pensar que os pronomes sintaticamente ligados a seu antecedente não são expressões referenciais. O primeiro é o seguinte: quando um pronome é sintaticamente ligado, seu antecedente pode muito bem ser uma expressão não-referencial (por exemplo, o pronome indefinido *personne* – ninguém); a relação anafórica não é afetada para isso, como o mostram (4) e (5). (N. B. = os índices no exemplo (4) indicam que é a interpretação com o pronome ligado que é considerada aqui).

(4) *Personne* ne reconnaît volontiers *qu'il* est malade.
(5) *Personne* n'aime *se* voir dans un miroir.

(4) *Ninguém* reconhece de bom grado que *ele* está doente.
(5) *Ninguém* gosta de *se* ver num espelho.

O segundo fato é o seguinte: quando um pronome é sintaticamente ligado, é impossível de ser substituído por uma expressão referencialmente sinônima sem *ipso facto* destruir a relação anafórica. Assim, em (6), as expressões *o pobre sujeito* e *Jules* não podem designar a mesma pessoa.

(6) *Jules* reconnaît que *le pauvre bougre* est malade.
(6) *Jules* reconhece que *o pobre sujeito* está doente.

Segundo Bosch, estas manipulações indicam que os pronomes ligados sintaticamente a seu antecedente não têm nenhum valor referencial e são puros morfemas regidos[2]. A noção de ligação anafórica recobre, então, dois funcionamentos muito diferentes. Em caso de dúvida sobre a natureza referencial de um pronome, os critérios seguintes, fruto de constatações feitas antes, podem ser aplicados (Bosch, 1983:49):

Critério para os pronomes não-referenciais

Um pronome P*i* em um texto ou uma frase S*i*, interpretável como anaforicamente ligado a um antecedente SN*i* em S*i*, é uma forma puramente sintática *se e somente se*:

– P*i* conserva a possibilidade de uma interpretação anafórica, qualquer que seja o SN*j* que substitua o SN*i*, e, para tanto, o SN*j* deve concordar em número e gênero com P*i*.

Critério para os pronomes referenciais

Um pronome P*i*, em um texto ou uma frase S*i*, interpretável como anaforicamente ligado a um antecedente SN*i* em S*i*, é uma forma referencial *se e somente se*:

– existe uma expressão não-pronominal SN*k* substituível por P*i* em S*i*, sem que a substituição afete a relação anafórica com SN*i*.

Os exemplos (3)-(4) e (2)-(5) ilustram a aplicação do primeiro critério. Os exemplos (6)-(7) abaixo ilustram a aplicação do segundo critério:

(7) *Jean* a l'air pâle, et Fred pense qu'*il* est malade.
(8) *Jean* a l'air pâle, et Fred pense que *le pauvre type* est malade.

(6) *Jean* parece pálido, e Fred acha que *ele* está doente.
(7) *Jean* parece pálido, e Fred acha que *o pobre sujeito* está doente.

Uma conseqüência imediata do segundo critério é que uma expressão referencial pode sempre ser substituída por uma outra expressão, de modo que esta última identifique, no contexto, do mesmo jeito, o mesmo referente.

Enquanto os pronomes reflexivos são sempre sintaticamente ligados, portanto sem valor referencial em si mesmos, os pronomes pessoais, possessivos e relativos podem ter os dois funcionamentos. Na seqüência deste trabalho, tomaremos emprestadas de Berrendonner e Reichler-Béguelin (1989) as denomeações de *forma ligada* e *forma de retomada* para designar estes dois tipos de anafóricos. As expressões *anáfora* ou *anafórico* designarão sempre, salvo indicação contrária, uma forma de retomada[3].

Conseqüências para a noção de antecedente

O que precede tem duas conseqüências importantes para a concepção geral do que é uma forma de retomada. Tentemos tirar algumas.

1. Em primeiro lugar, convém, evidentemente, rejeitar com vigor a formulação segundo a qual um anafórico "se refere a seu antecedente" (esta descrição só pode convir a expressões metalingüísticas ou metadiscursivas). As formas de retomada são, antes e acima de tudo, expressões referenciais no sentido mais geral do termo.
2. Em segundo lugar, o que se chama comumente de *antecedente* – a saber, um segmento de texto situado antes do anafórico no texto e tendo com ele uma relação de interpretação ou de correferência – não é, na realidade, um elemento de modo algum indispensável ao funcionamento das formas de retomada.
3. A própria noção de antecedente, como segmento textual univocamente delimitável a partir do único fato de sua relação semântica com a forma de retomada, é em si mesma profundamente problemática. O fato é, por outro lado, flagrante quando, em um texto, a expressão anafórica é um SN cujo nome explora, para fins de identificação do referente, não mais uma denominação anterior a ele, mas atributos que lhe foram dados no intervalo por via de uma predicação. Assim ocorre no extrato seguinte com a expressão "*o tagarela*":

(8) Un jeune homme soupçonné d'avoir détourné une ligne téléphonique a été interpellé il y a quelques jours par la

police à Paris. Il avait "utilisé" la ligne de ses voisins à destination des Etats-Unis pour un montant d'environ 50000 F. *Le bavard* a été déféré devant le parquet. (Libération, 4.8.1993)

(8) Um jovem suspeito de ter desviado uma linha telefônica foi interrogado há alguns dias pela polícia em Paris. Ele "utilizou" a linha de seus vizinhos para ligar para os Estados Unidos por uma quantia de 50000F. *O tagarela* foi levado ao tribunal. (Libération, 4.8.1993)

Este exemplo é, por outro lado, duplamente interessante, porque, entre os atributos que foram explicitamente predicados de *um jovem* (ter desviado uma linha telefônica, ter utilizado a linha de seus vizinhos por um montante de 50000 F.) e o atributo que utiliza a forma de retomada para identificar o referente (ser um tagarela), é necessário ainda postular a intervenção de diversos conhecimentos de um plano de fundo e de inferências: é necessário, por exemplo, ter uma idéia, ainda que aproximada, das tarifas telefônicas, para inferir que uma fatura de telefone de 50000F corresponde a muitas horas de comunicação etc.

O desafio que representam tais exemplos para a noção de antecedente foi visto muito bem por Cornish (1987, 1990), que propôs nomear de "desencadeador de antecedente" (em inglês *antecedent trigger*) o segmento textual (quando ele existe) que mais provavelmente tornou a referência anafórica possível, e de "antecedente" simplesmente a interpretação do anafórico. Esta solução apresenta a vantagem de distinguir claramente as ocorrências lingüísticas de seu valor semântico e referencial. Ela permite levar em conta os casos, mais ou menos freqüentes, em que a interpretação do desencadeador de antecedente e a de antecedente não coincidem, ou não exatamente, e dá a possibilidade de uma descrição unificada das anáforas correferenciais e associativas (sobre estas noções, ver 3.1 e 3.3 abaixo). A idéia de desencadeador, já formulada por Hawkins (1977 a), evita, por outro lado, impor uma fronteira que, como mostra Charolles (1990), coloca múltiplos problemas. Enfim, ela é neutra quanto à maneira como o "desencadeador" foi operado: um gesto ou a modificação da direção do olhar podem, tanto quanto uma expressão lingüística, funcionar como desencadeador de antecedente.

4. A pertinência da existência, no texto, de uma denominação prévia do referente não é nula no entanto. Um referente explicitamente denominado é, com efeito, um referente cuja categorização lexical foi explicitamente dada. É provável que toda designação feita por meio de um pronome pessoal pressuponha tal categorização (no que, por outro lado, esses pronomes se distinguem dos pronomes demonstrativos neutros). Se este não existe (pronome dito "sem antecedente"), pode-se então supor que o decodificador tende a reconstruir um. Esta extrapolação se faz, em francês, à base de um índice que constitui o gênero gramatical. A tese defendida por Tasmowski e Verluyten (1985), segundo a qual os pronomes não-dêiticos teriam sempre um antecedente pelo simples fato de que eles se submetem à concordância só é assim admissível se acrescentarmos dois corretivos importantes: (1) de um lado, precisar que o que é extrapolado é uma categoria léxico-cognitiva, além do que muitas vezes mais ou menos co-natural, e não uma *forma* lingüística; de outro lado, precisar que não pode se tratar aqui de uma concordância gramatical no sentido estritamente formal e sintático do termo, mas somente em um sentido muito mais vago: um tipo de conformidade do gênero do pronome com o gênero da denominação antecedente (se ele existe), ou da denominação que se supõe designar a categoria (se ela deve ser extrapolada)[4].
5. Enfim, o exemplo (8) acima leva a pensar que a representação do funcionamento das retomadas anafóricas, e das expressões referenciais em geral, deve fazer intervir uma *representação do sentido construído pelo texto.* A explicação de uma anáfora como a de (8) é impossível se não postular-

mos, ao mesmo tempo, tal representação, assim como os conhecimentos gerais e pressupostos partilhados pelos interlocutores. Retornaremos a este ponto no Capítulo 4.

O que precede conduz a substituir a problemática da anáfora por aquela, mais geral, da referência, tal como foi abordada, por exemplo, pela filosofia da linguagem.

Algumas noções-chave

O objetivo desta seção é retomar algumas noções, senão centrais, pelo menos usuais, para o estudo e a descrição dos fatos das anáforas. Por razões de comodidade, nós as apresentaremos abaixo sob a forma de um glossário, organizado em três seções temáticas.

Anáfora e referência

Referencial / atributivo

É importante ver que nem todo sintagma nominal é necessariamente utilizado para referir. Existem, com efeito, empregos não-referenciais dos sintagmas nominais, mesmo dos definidos. Veja-se o exemplo seguinte, emprestado de Lyons (1976):

(9) Giscard d'Estaing est le président de la République française.
(9) Giscard d'Estaing é o Presidente da República francesa.

Segundo Lyons, esta frase pode ser compreendida de duas maneiras:

- Ou "o Presidente da República francesa" é uma expressão referencial com o mesmo título que "Giscard d'Estaing", e a cópula estabelece uma relação de identidade entre os dois referentes; a presença do determinante definido é então obrigatória.
- Ou a expressão "o Presidente da República francesa" é

utilizada com uma função de atributo (ou predicativo) com o objetivo de fazer uma asserção a propósito do referente designado pela expressão "Giscard d'Estaing". Nesta segunda interpretação, o determinante definido é facultativo e os dois sintagmas nominais não são intercambiáveis.

A distinção entre emprego referencial e emprego atributivo se deve a Donnellan (1966)[5].

A diferença entre esses dois empregos poderia ser apresentada de outra maneira ainda. Com efeito, sempre que em (9) a expressão "Giscard d'Estaing" puder ser substituída *salva veritate* por não importa que expressão identificando o mesmo indivíduo (por exemplo "o homem do escândalo dos diamantes", o "sucessor de Pompidou" etc.), o predicado "é o Presidente da República francesa" poderá, na interpretação atributiva, ser substituído por um predicado que não comporta sintagma nominal, mas que tem o mesmo sentido (por exemplo, uma forma verbal como "governo"). Isto acrescenta que o critério de substituição, para os empregos referenciais, é a identidade referencial e, para os empregos atributivos, o sentido (Lyons, 1978).

Veremos, no Capítulo 3, que, para Halliday e Hasan (1976), a referência só é um tipo de relação anafórica, dentre outras. Mas certos autores só utilizam o termo anáfora para designar as expressões referenciais. Neste sentido restrito do termo, somente os sintagmas nominais utilizados referencialmente são suscetíveis de empregos anafóricos.

Correferência

Há correferência entre duas expressões sempre que elas designam no discurso o mesmo referente. Se bem que esta situação seja provavelmente um caso limite[6], a relação de correferência é freqüentemente considerada como o protótipo da anáfora.

Esta concepção levou alguns autores a questionar a fronteira entre anáfora correferencial e anáfora associativa. Assim, segundo Charolles (1990), num exemplo como (10):

(10) Nous avons visité une église. *L'édifice* était grandiose
(10) Nós visitamos uma igreja. *A construção* era grandiosa.

nada impede de considerar que a expressão *a construção* só designa uma dimensão ou um aspecto da igreja (sua dimensão arquitetônica, por exemplo) e que estamos, conseqüentemente, em presença de uma anáfora associativa. Segundo este autor, esta interpretação seria favorecida aqui pelo contexto, a dimensão *construção* sendo apenas um dos aspectos sob os quais aparece uma igreja quando ela é visitada. Ao contrário, nota sempre Charolles, em um exemplo como (11), em que o contexto é essencialmente visual, uma interpretação associativa parece mais difícil.

(11) Sur la place, il y avait une église. *L'édifice* était grandiose
(11) Na praça, tinha uma igreja. *A construção* era grandiosa.

Co-significação

Um outro caso próximo do fenômeno da correferência é o das anáforas pronominais qualificadas, por vezes, seguindo Geach, de pronomes *por comodidade* (em inglês: *lazy pronouns*) ou, ainda, de referência *cruzada* (Fauconnier, 1974). Um exemplo freqüente citado na literatura e emprestado de Karttunen (1969) é o seguinte:

(12) L'homme qui a donné son salaire à son épouse a été plus sage que l'homme qui *l*'a donné à sa maîtresse.
(12) O homem que deu seu salário à sua esposa é mais sábio do que o homem que *o* deu à sua amante.

A análise que se faz geralmente deste exemplo consiste em dizer que o pronome *o*, ainda que designando um outro salário, não pode aqui ser correferencial com a expressão "seu salário". Segundo Conte (1988), estamos então em presença de um fenômeno de co-significação, mas não de correferência.

O exemplo acima poderia levar a pensar que a co-significação está ligada à genericidade ("l'homme" e "son épouse" são referências genéricas). Todavia não estão relacionadas, como prova o exemplo seguinte:

(13) Je vais mettre ma voiture dans le garage. Toi, tu peux *la* laisser devant la maison. (Exemplo construído)
(13) Vou colocar meu carro na garagem. E tu, podes deixá-*lo* na frente da casa. (Exemplo construído)

Poder-se-á descrever igualmente este tipo de anáfora utilizando a terminologia proposta por Milner (1989). Milner chama de "referência virtual" o significado de um lexema, quer dizer, o conjunto de condições que deve satisfazer um objeto do mundo para poder ser designado por meio de uma expressão que comporte esse lexema; e de "referência real" o objeto efetivamente designado por um emprego desta expressão. O funcionamento dos pronomes por comodidade consiste, assim, em explorar a referência virtual de um lexema anteriormente utilizado, com o objetivo de operar uma referência real diferente da operada na ocorrência anterior deste lexema. Existe, então, correferência virtual sem correferência real.

Pelo que sabemos, ninguém foi alertado, até aqui, a observar que este mesmo fenômeno pode também se produzir nas expressões lexicais. Eis aqui um exemplo:

(14) Lorsque La Suisse [un journal] son vaisseau amiral, prend l'eau, [...] Jean-Claude Nicole fait un numéro devant les jornalistes: "Voici les clefs de la maison. Je les mets là, sous le paillasson. Plus de *Suisse*", leur lance-t-il. Mais face aux créanciers, la manoeuvre est plus difficile. (*Libération*, 11.3.1993. Exemplo emprestado de Chanet, 1994)
(14) Assim que La Suisse [um jornal], sua embarcação imponente, parte em viagem, [...] Jean-Claude Nicole apresenta um número para os jornalistas: "Aqui estão as chaves da casa. Eu as coloco aqui, sob o capacho. Acabou La Suisse",

ele lança. Mas, diante dos credores, *a manobra* é mais difícil. (*Libération*, 11.3.1993. Exemplo emprestado de Chanet, 1994)

A expressão *a manobra*, de um lado, designa uma certa atitude e certos propósitos de J.-C Nicole diante dos jornalistas; de outro lado, designa esta mesma atitude e estes mesmos propósitos diante dos credores. O anafórico funciona, assim, neste texto como um pivô para a referência. Aqui também, há cosignificação sem correferência.

Exofórico / endofórico

Literalmente, há referência *exofórica* quando o objeto designado é localizado na situação extralingüística; e referência *endofórica* quando ele é localizado no cotexto. Logo se vê, todavia, que esta formulação dificulta porque o referente de uma expressão endofórica, a não ser que esta não seja metalingüística, não está situado, ele próprio, no texto. O que está eventualmente localizado no texto é somente uma outra expressão designando este referente.

Convirá, então, melhorar a definição acima do seguinte modo: as qualidades de *exofórico* e de *endofórico* indicam a referência aos objetos, respectivamente, ainda não designados no texto e aos já designados. Parece, contudo, que, mesmo assim formulada, esta distinção perde uma boa parte de seu interesse desde que se considera que uma expressão referencial, anafórica ou não, opera sobre uma representação e não sobre um segmento textual. A pertinência da distinção entre referência exofórica e endofórica foi especialmente criticada por Brown; Yule (1983)[7].

A expressão *referência endofórica* é, por vezes, igualmente utilizada para designar a dêixis textual (cf. 3.2 abaixo).

Referência opaca

As expressões referenciais podem aparecer em contextos que se costuma chamar, desde Quine (1960), de contextos *opacos*. Um exemplo prototípico deste tipo de contexto é aquele onde figura a expressão "sa mère" em (15), em oposição a (16).

(15) Oedipe voulait épouser sa mère.
(15) Édipo queria casar com sua mãe.
(16) Oedipe a épousé sa mère.
(16) Édipo casou com sua mãe.

Para qualquer um que ignore todo o mito de Édipo, esta expressão é realmente, no contexto, ambígua: ela é utilizada por Édipo e reflete suas intenções? Ou foi utilizada apenas pelo enunciador de (15), assumindo sozinho a responsabilidade? Quando a expressão escolhida reflete o ponto de vista do enunciador, como em (15), fala-se de leitura (ou de referência) *transparente*; do contrário, diz-se que há leitura (ou referência) *opaca*. A noção de opacidade não tem nada a ver aqui com a idéia de equívoco semântico.

Os principais fatores de opacidade contextual são os verbos ditos de *atitude proposicional* (denotando opinião, crença, dúvida, intenção etc., como pensar, crer, querer), os verbos *dicendi* (*contar*, *dizer* etc.), assim como os verbos factivos (quer dizer, aqueles em que o conteúdo da proposição completiva é pressuposto como verdadeiro, como *saber que, levar em conta que, registrar que*). De fato, um contexto é suscetível de ser opaco todas as vezes em que são relatados, direta ou indiretamente, explícita ou implicitamente, das falas, das crenças, das opiniões, ou simplesmente das intenções de outrem. Uma dúvida pode realmente se instalar quanto a saber se as expressões utilizadas para designar os referentes são emprestadas da pessoa cujas falas, crenças etc. são relatadas, ou, ao contrário, se advêm apenas da responsabilidade de quem relata.

Mas os contextos opacos têm outras conseqüências ainda.

O que mais tem intrigado lógicos e filósofos da linguagem diz respeito ao valor de verdade da proposição na qual figura a expressão considerada. Assim, a proposição expressa por uma leitura opaca de (15) é falsa (exceto talvez para um psicanalista), ao passo que é verdadeira se se substitui *Jocasta* por *sua mãe*. Nos contextos opacos, a substituição de duas expressões referencialmente sinônimas pode assim levar a uma mudança de valor de verdade. Uma outra conseqüência destes contextos concerne ao pressuposto de existência comumente ligado aos SNs definidos. Depois dos trabalhos de Ducrot (1972), considera-se que todo SN definido utilizado referencialmente veicula um pressuposto de existência concernente a seu referente. Portanto, em contexto opaco, este pressuposto de existência não é necessariamente assumido pelo relator (Heringer, 1969).

Do ponto de vista da comunicação, é importante ver que a opacidade referencial é, antes, um fenômeno gerador de ambigüidade. Para o destinatário, trata-se, com efeito, de determinar se os conteúdos denotados pela expressão envolvida (conteúdos que permitem identificar o referente) refletem o ponto de vista do relator ou o da pessoa cujos propósitos, opiniões etc. são relatados. Pode tratar-se da própria compreensão das intenções do enunciador.

Anáfora e dêixis

Anáfora / dêixis

Certas expressões lingüísticas têm como particularidade que sua interpretação é inteiramente dependente do lugar ou do momento de sua enunciação, ou ainda da pessoa que as enuncia. *Aqui* se interpreta com relação ao lugar onde se acha o locutor no momento em que ele pronuncia "*aqui*", *agora* se interpreta com relação ao momento em que se acha o locutor quando ele pronuncia "*agora*", e *eu* designa a pessoa que pronuncia "*eu*". As expressões lingüísticas cuja interpretação se apóia nos parâmetros de lugar, tempo e pessoa da situação de enunciação são chamadas de dêiticas. Por dêixis, entende-se portanto "a localização e a identificação das pessoas, objetos, processos, eventos e atividades [...] em relação ao contexto espácio-temporal acreditado e mantido pelo ato de enunciação, e a participação, em regra geral, de um locutor único e de pelo menos um interlocutor" (Lyons, 1980:261). A categoria dos dêiticos compreende notadamente em francês os localizadores espaciais e temporais (*aqui, lá, agora, ontem, amanhã* etc.) e os pronomes de primeira e segunda pessoas.

É notável que existem em francês, como em muitas outras línguas, dois pares de expressões tendo o mesmo significado, mas diferindo somente do ponto de vista de seu funcionamento, uma sendo dêitica, a outra não. Eis uma lista desses pares.

DÊITICOS	NÃO-DÊITICOS
hoje	naquele dia
agora	naquele momento, então
amanhã	no dia seguinte
ontem	na véspera
próximo	pouco depois
daqui a pouco	mais tarde, em seguida, depois
esta noite	naquela noite
no último ano	no ano anterior

Estritamente falando, somente as expressões não-dêiticas acima são suscetíveis de um uso anafórico. A confusão entre esses dois funcionamentos, relativamente freqüente em situações de aprendizagem de uma segunda língua, dá lugar a expressões como as que figuram em itálico no exemplo (17), em que um dêitico (*boje, no ano anterior*) é utilizado no lugar do equivalente não-dêitico (*naquela noite, no ano anterior*).

(17) Ce matin-là, je me levai inquiet, non pas à l'idée qu'*aujourd'hui* c'était la rentrée, mais par crainte de ne pas me retrouver avec mes camarades de l'an dernier. (Exemplo emprestado de Reichler-Béguelin, 1988b:204)

(17) Naquela manhã, eu me acordei inquieto, não com o pensamento de que *hoje* seria a volta às aulas, mas por temor de não me encontrar com os meus amigos do ano passado. (Exemplo emprestado de Reichler-Béguelin, 1988b:204)

Muito conhecida é a idéia segundo a qual os sintagmas nominais definidos, assim como os pronomes de terceira pessoa, são suscetíveis de emprego dêitico, em particular quando são utilizados conjuntamente com um gesto de apontar, como no exemplo (18).

(18) [En montrant un chien] Attention! *Il* est méchant.
(18) [Mostrando um cachorro] Cuidado! *Ele* é perigoso.

Esta extensão do conceito de dêixis não se sustenta sem que se ponham algumas dificuldades. Se há dêixis nos atos de comunicação deste tipo, só pode ser realmente nos aspectos paraverbais da comunicação, nos gestos, nas mímicas e posturas que acompanham a atividade verbal. Mas o pronome *ele* não tem para tanto um funcionamento intrinsecamente dêitico.

Uma tentativa de dar uma significação funcional ou pragmática, mais que formal, à oposição entre anáfora e dêixis é a de Bosch (1983). Para este autor, há dêixis quando a expressão tem por objetivo deslocar o campo de atenção para um referente, e anáfora quando a expressão só faz manter o referente no campo de atenção[8].

A fim de evitar as flutuações terminológicas, já suficientemente numerosas neste domínio, parece preferível conservar no conceito de dêixis o que lhe dá especificidade semiológica: para que haja dêixis, é necessário que o modo de referência, quer dizer, o meio utilizado para identificar o referente, se apóie nos parâmetros de lugar, tempo, ou pessoa da situação de enunciação. Em uma palavra, a característica definidora dos dêiticos é que seu modo de referência se apóia num *referencial*, e não nos *significados*. Como se verá mais adiante, esta distinção é essencial para a compreensão do funcionamento respectivo dos SNs definido e demonstrativo.

Dêixis textual

A expressão dêixis textual designa comumente o emprego de expressões indiciais como *mais acima, abaixo, no próximo capítulo, aqui,* etc. com o objetivo de se referir aos segmentos, aos lugares ou aos momentos do próprio texto em que estas expressões são utilizadas. Diferentemente da dêixis situacional, o ponto que funciona como marca deste gênero de designação não é o lugar e o momento da enunciação, mas o lugar e o momento do texto onde aparece a expressão indicial. Dá-se o mesmo com o exemplo (19):

(19) Vous trouverez *ci-après* deux tableaux reprenant les caractéristiques correspondant à chaque type d'ordinateur. (Manuel)

(19) Vocês encontrarão *abaixo* dois quadros que retomam as características correspondentes a cada tipo de computador. (Manuel)

O dêitico *abaixo* designa, neste exemplo, um lugar ou um tempo do espaço do texto, e não o espaço onde se acha o autor deste texto (caso em que haveria dêixis situacional). Ele não designa mais um lugar ou um tempo que fora anteriormente indicado (caso em que haveria anáfora).

A dêixis textual tem uma função metatextual, segundo Conte (1981). Ela permite organizar o espaço do texto e facilita, assim, a orientação do leitor ou do ouvinte neste espaço[9].

Dêixis da memória

Um sintagma nominal demonstrativo pode referir-se *in absentia*, quer dizer, na ausência de qualquer designação antecedente de seu referente e sem que este esteja presente na situação enunciativa. Como no exemplo seguinte:

(20) Nous allons le soir au café; on est trois ou quatre anciens camarades; on joue sa demi-tasse, son petit verre et l'on fait brûle son eau-de-vie! *Cette fumée, cette odeur d'alcool*, le bruit des billes, le sut des bouchons, les gros rires, tout cela double mes sens et il me semble qu'il m'est poussé des moustaches et que je soulèverais le billard! (J. Vallès, *L'enfant*)

(20) À noite, vamos ao café; somos três ou quatro velhos camaradas; divertimo-nos tomando uma meia-taça, um trago e queimando nossas gargantas com cachaça! *Essa fumaça, esse cheiro de álcool*, o barulho das bolas de bilhar, o estampido das rolhas, as gargalhadas, tudo isso ativa meus sentidos e tenho a impressão de que me cresceram bigodes e de que eu poderia levantar a mesa de bilhar! (J. Vallès, *L'enfant*)

Concordamos em descrever este tipo de demonstrativo dizendo que ele consiste em evocar um referente cuja evidência é tal, para o locutor, que ele equivale a um referente que acabou de ser evocado no próprio texto. A designação de dêixis de memória se deve a Fraser; Joly (1980). Fala-se, às vezes, também de dêixis enfática (Lyons, Kuno), de dêixis emotiva (R. Lakoff), ou ainda de pensamento indicial (Kleiber)[10]. Tantas denomeações levam em conta o fato de este emprego da referência demonstrativa se acompanhar, às vezes, de um efeito de sentido particular: ele dá ao destinatário a impressão de ter um acesso imediato ao estado cognitivo no qual se acha um terceiro, quer este último seja o enunciador, quer seja uma pessoa explicitamente evocada.

Do ponto de vista da comunicação, este emprego do demonstrativo revela que há ausência de congruência entre a representação discursiva do enunciador e a do destinatário; um objeto está, de qualquer modo, presente no espírito do primeiro (o que o torna designável por meio de uma expressão demonstrativa), mas no do segundo (para quem esta forma de designação parece, de qualquer modo, inapropriada). É deste deslocamento que deriva o efeito de empatia.

O exemplo acima é interessante por uma outra razão ainda: os SNs demonstrativos são imediatamente seguidos de SNs definidos, de caráter não menos evocador (*o barulho das bolas de bilhar* etc.). Tudo se passa no texto como se, uma vez localizado um certo espaço de objetos (por meio notadamente de SNs demonstrativos), outros referentes tornam-se identificáveis por meio de um SN definido. Pode-se dizer que esta transição assinala que os demonstrativos, de qualquer maneira, "produziram seu efeito". A diferença entre o funcionamento do demonstrativo e o do definido é examinado em 4.2 abaixo.

Tipos de anáfora

Anáfora fiel / infiel

Fala-se de anáfora *fiel* sempre que um referente anteriormente introduzido no texto é retomado por meio de um SN definido ou demonstrativo cujo nome nuclear é aquele mesmo por meio do qual foi introduzido (*uma casa... a/esta casa...*). A anáfora fiel é, assim, uma das possibilidades de correferência.

Fala-se, ao contrário, de anáfora *infiel* sempre que o nome da forma de retomada é diferente daquele da forma introduzida (trata-se, mais freqüentemente, de um sinônimo ou de um hiperônimo), ou quando lhe é acrescentada uma determinação qualquer (*uma casa... a habitação, uma casa... cette coquette bâtisse*).

Anáfora por nomeação

Há anáfora por nomeação quando o sintagma nominal transforma em referente, quer dizer, em objeto individuado, o processo denotado por uma proposição anterior. Dois casos pelo menos podem, então, se apresentar: a nomeação pode retomar o *conteúdo proposicional* desta proposição; ou o *ato de fala* realizado por meio da enunciação deste conteúdo. Estes dois casos são ilustrados pelos exemplos (21) e (22):

(21) Les archives du cinéaste Abel Gance [...] seront vendues aux enchères à Drouot les 3 et 4 mars. *La vente* comprendra une centaine de scénarios manuscrits. (*Libération*, 8.11.1993)

(21) Os arquivos do cineasta Abel Gance [...] serão vendidos em leilão, em Drouot, nos dias 3 e 4 de março. *A venda* compreenderá uma centena de cenários manuscritos. (*Libération*, 8.11.1993)

(22) Convient-il de situer les fonctions dans l'ordre figuratif et les fonctionnements dans l'ordre figural? ou l'inverse? *Cette interrogation* est appelée à durer. (Artigo científico)

(22) É conveniente situar as funções na ordem figurativa e os funcionamentos na ordem figural? Ou o inverso? *Esta interrogação* ameaça permanecer. (Artigo científico)

Uma nomeação pode ser construída a partir de conteúdos implícitos, como em (23). Ela pode dar ao enunciador a oportunidade de manifestar sua subjetividade ou de repetir a de outrem, como em (24).

(23) Comme chaque soir, vous brossez consciencieusement vos cheveux. Mais, horreur, la brosse en est pleine! Ne vous affolez pas, cette chute est la conséquence du changement de saison. (Texto publicitário)

(23) Como a cada noite, você penteia cuidadosamente seus cabelos. Mas, que horror, a escova está cheia! Não se assuste, esta queda é a conseqüência da mudança de estação. (Texto publicitário)

(24) La voiture écolo devrait être à l'automobile ce que la Swatch est à la montre: un produit de haute technologie racé et

économique. Plus personne ne semblait croire à ce rêve. Et pourtant... (L'Hebdo, 11.7.1991)

(24) O carro ecológico devia ser para o automóvel o que a Swatch é para o relógio: um produto de alta tecnologia forte e econômico. Ninguém mais parecia acreditar nesse sonho. E, no entanto... (L'Hebdo, 11.7.1991)

As nomeações mostram que os mecanismos da anáfora podem levar muito além da simples retomada de informação e contribuir para os aspectos mais especificamente construtivos do discurso[11].

Anáfora por silepse

A retórica clássica chama de silepse quando se toma "uma mesma palavra toda vez em dois sentidos diferentes" (Fontanier, 1977: 105). Quando ela se manifesta nas retomadas anafóricas pronominais, esta figura dá lugar a modificações que dizem respeito ao gênero e ao número gramatical, como em (25).

(25) Une femme infidèle, si elle est connue pour telle de la personne intéressée, n'est qu'infidèle; s'*il* la croit fidèle, elle est perfide. (La Bruyère, *Des femmes*. Exemplo citado da *Grammaire des grammaires*, de Girault-Duvivier, 1827. p. 1123).

(25) Uma mulher infiel, se assim for conhecida pela pessoa interessada, é apenas infiel. Se ele a crê fiel, ela é pérfida. (La Bruyère, *Des femmes*. Exemplo citado da *Grammaire des grammaires*, de Girault-Duvivier, 1827. p. 1123).

O referente, introduzido aqui por meio de uma expressão de gênero gramatical feminino (*a pessoa interessada*), é retomado pelo pronome masculino *ele*, sugerindo evidentemente que a "pessoa interessada" é do sexo masculino (de onde uma definição freqüente consiste em dizer que a silepse é uma concordância segundo o sentido e não segundo a gramática).

Considera-se, às vezes, que existe também anáfora por silepse em exemplos como os seguintes.

(26) À la cantine, *elles se* sont plaintes qu'il fallait gratter le four. (Exemplo emprestado de Charolles, 1990)
(26) Na cantina, *elas se* queixaram de que era preciso raspar o forno. (Exemplo emprestado de Charolles, 1990)

(27) On peut faire parfaitement des enquêtes sociolinguistiques où la situation soit une variable. Ça a été fait aux Etats-Unis où tu prends une même personne, tu lui mets un micro-cravate et il s'enregistre dans toutes les situations de sa vie quotidienne et profissionnelle. C'est à partir de ce genre de choses qu'*ils* ont mis en évidence la variation stylistique. (Débat scientifique transcrit dans *Langage et Travail*, n. 1, 1990, p. 27)
(27) Nós podemos perfeitamente fazer enquetes sociolingüísticas em que a situação seja uma variável. Isso foi feito nos Estados Unidos, onde você pega uma pessoa, coloca-lhe um microfone na gravata e são registradas todas as situações de sua vida cotidiana e profissional. Foi a partir desse tipo de coisa que *eles* colocaram em evidência a variação estilística. (Debate científico transcrito em *Langage et Travail*, n. 1, 1990, p. 27)

(28) Je prends la carabine, j'épaule et je tire... Je tire les yeux fermés, comme un banquier se brûle la cervelle.
- Il a gagné le lapin!
C'est un bruit qui monte, la foule me regarde, on me prend pour un Suisse; quelqu' un dit que, dans *ce pays-là*, les enfants apprennent à tirer à trois ans et qu'a dix ans il y en a qui cassent des noisettes à vingt pas. (J. Vallès, *L'enfant*)
(28) Pego a carabina, apóio no ombro e atiro... atiro de olhos fechados, como um banqueiro que se suicida com um tiro na cabeça.
Ele acertou o coelho!

É um ruído crescente, a multidão me olha, acham que sou um suíço; alguém disse que, *nesse país*, as crianças aprendem a atirar com três anos e que, aos dez, há os que quebram avelãs a uma distância de vinte passos. (J. Vallès, *L'enfant*)

O primeiro destes exemplos pode ser analisado seja como uma anáfora por silepse, seja como uma anáfora associativa, de acordo com a interpretação dada à expressão *na cantina*. Seja, com efeito, esta expressão uma metonímia para *as moças da cantina* – neste caso, há a passagem de uma referência a uma entidade coletiva para uma referência à classe de indivíduos que cobrem esta entidade, e estamos em presença de uma silepse; seja expressão a designação de um lugar, e estamos, então, em uma situação do tipo *a cantina... elas*, com anáfora associativa. A mesma análise pode ser feita para (27), com *nos Estados Unidos* e *eles*.

O exemplo (28) está muito próximo de um dêitico de memória. O fato de estarmos em um contexto de discurso relatado, assim como a presença do determinante demonstrativo (*nesse país*) vai no sentido desta interpretação. Mas poderemos também ver nisso uma anáfora associativa.

Anáfora associativa

Designamos, em geral, como expressão em anáfora associativa os sintagmas nominais definidos que apresentam simultaneamente as duas características seguintes:

- de um lado, uma certa dependência interpretativa relativamente a um referente anteriormente (às vezes, posteriormente) introduzido ou designado;
- de outro lado, a ausência de correferência com a expressão que introduziu ou designou anteriormente (às vezes, posteriormente) esse referente.

As anáforas associativas apresentam, assim, seu referente como já conhecido, ou como identificável, sempre que ele não tiver sido ainda objeto de nenhuma menção, e que não indicar mais sua relação com outros referentes ou com outras informações explicitamente formuladas.

Um exemplo característico desse tipo de anáfora e que foi comentado em numerosos artigos é a expressão *a igreja* no contexto seguinte:

(29) Nous arrivâmes dans un village. *L'église* était fermée.
(29) Nós chegamos a uma cidade. *A igreja* estava fechada.

Hawkins (1977a) propôs chamar de *desencadeador* (em inglês: *trigger*) o antecedente da anáfora associativa (no exemplo acima, o sintagma indefinido *uma cidade*), e de *associados* (em inglês: *associates*) os sintagmas definidos cujo emprego como primeira menção de um referente se torna possível graças ao desencadeador, sem que haja ambigüidade sobre a identidade deste referente (aqui, *a igreja*, mas também por exemplo *le maire, le curé, l'école, la gare* etc.).

Segundo Hawkins, o mecanismo da anáfora associativa (da associação propriamente dita) repousa sobre conhecimentos gerais supostamente partilhados, exprimíveis sob a forma de proposições que colocam em relação referências genéricas (por exemplo: *uma cidade tem uma igreja*)[12]. Em uma palavra, a anáfora associativa funciona sobre os estereótipos (Kleiber, 1990 a). Não há, assim, nenhuma razão para que a informação da qual ela é interpretativamente dependente (aquela veiculada pelo *desencadeador*) seja limitada às expressões referenciais. Um cenário denotado por um verbo ou por não importa que expressão predicativa lhe é suficiente do mesmo modo. Por outro lado, é freqüentemente difícil localizar com precisão esta informação, como mostram os exemplos seguintes:

(30) Il me semble parfois que mon sang coule à flots,
Ainsi qu'une fontaine aux rythmiques sanglots.
Je l'entends bien qui coule avec un long murmure,
Mais je me tâte en vain pour trouver *la blesure.*
(C. Baudelaire, *La fontaine de sang*)

(30) Parece que às vezes meu sangue jorra borbulhante,
Como uma fonte em ritmo soluçante.
Eu a escuto que escoa com um longo murmurar,
Mas me toco em vão para *a ferida* encontrar.
(C. Baudelaire, *La fontaine de sang*)

(31) Puis nous juouns au jeu de l'ensevelissement. Une baigneuse se couche, et des mains actives travaillent à la recouvrir de sable. *Les principales élévations* sont les pieds et les seins. (J. Renard, *L'écornifleur*)

(31) Depois nós fizemos uma brincadeira de enterrar. Uma banhista se deita, e mãos ativas trabalham para cobri-la de areia. *As principais elevações* são os pés e os seios. (J. Renard, *L'écornifleur*)

(32) Un grand magasin de la rive droite s'est fait délester d'un pullover valant moins de 80 francs. *L'homme* a été aussitôt arrêté. (Tribune de Genève, 25/02/91)

(32) Um pulôver valendo menos de 80 francos foi roubado de uma grande loja da margem direita. *O homem* foi logo detido. (Tribune de Genève, 25/02/91)

Às vezes, esta informação é liberada depois do anafórico, de onde um efeito de catáfora. Dá-se isso no texto (33), em que a evocação explícita do desabamento provoca interpretações retrospectivas concernentes à expressão *dos escombros de um prédio*, fenômeno que se repete em seguida com o aparecimento da expressão *a explosão*. Esta dá, de algum modo, o cenário que permite reinterpretar o conjunto dos eventos.

(33) ENSEVELIE VIVANTE – Une fillette de 8 ans a été sortie vivante des décombres d'un immeuble de trois étages qui s'est effrondré hier à Naples, faisant six morts et plusiers personnes disparues. Les pompiers sont parvenus à extraire Valentina Giannelli des gravats après deux heures d'efforts.

L'explosion est probablement due à une fuite de gaz. (*Le Matin*, 17/12/1992, artigo integral)

(33) ENTERRADA VIVA – Uma menina de 8 anos foi retirada viva dos escombros de um prédio de três andares que desmoronou ontem, em Nápoles, deixando seis mortos e muitas pessoas desaparecidas. Os bombeiros conseguiram tirar Valentina Giannelli dos entulhos depois de duas horas de trabalho. *A explosão* foi provavelmente devida a um vazamento de gás. (*Le Matin*, 17/12/1992, artigo integral)

O referente da anáfora associativa pode ser dotado, se tiver a mesma designação, de um grau de evidência tão alto que nada impede que o anafórico que o designa seja um simples pronome. Isto acontece no exemplo seguinte.

(34) Six mois avec sursis pour Victor-Emmanuel de Savoie! Les Assises de Paris n'ont retenu que le délit de port d'arme. Celle-là même avec laquelle le prévenu a tiré deux coups de feu le 18 août 1978 en Corse. Pour la Cour aucune certitude que l'une d'entre *elles* ait tué... (*Le Matin*, 19/11/1991)

(34) Seis meses com sursis para Victor-Emmanuel de Savoie! A Corte de Paris só considerou o delito de porte de arma. Aquela mesma com a qual o acusado deu dois tiros em 18 agosto de 1978, em Corsa. Para a Corte não há certeza de que uma d*elas* tenha matado... (*Le Matin*, 19/11/1991)

O pronome "elas" designa realmente aqui as balas, referente que não foi, todavia, objeto de nenhum procedimento de introdução explícita no universo do discurso.

O que precede daria a pensar que, do ponto de vista da forma da expressão, nada distingue a anáfora associativa dos outros tipos de anáfora. Segundo vários autores, todavia (por exemplo, Hawkins, 1977 a; Kleiber, 1990b; Kleiber, Shnedecker et Ujma, 1994), os SNs demonstrativos não podem ser empregados em anáfora associativa. Kleiber considera que, em razão de seu caráter dêitico, os sintagmas demonstrativos identificam seu referente se apoiando no contexto de enunciação e não nos conhecimentos gerais ou estereotípicos; por esta razão, eles não poderiam ser empregados associativamente. Nós nos restringiremos a assinalar aqui esta dificuldade, que se deve, uma boa parte, à própria maneira como se define a anáfora associativa[13].

Mencionemos, enfim, que as anáforas por nomeação (cf. supra) são, às vezes, consideradas, elas também, como anáforas associativas, o que mostra bem a sutileza que envolve esta noção.

Ilha anafórica

Para os princípios da semântica gerativa, o léxico não é um dado não-analisável. Os lexemas são as unidades "da superfície", semanticamente complexas e derivadas a partir de uma estrutura subjacente que articula primitivos semânticos. Assim, segundo Postal (1969), esses primitivos não são acessíveis no discurso pelos pronomes. Assim, o lexema *orphelin* comporta entre seus primitivos semânticos o elemento *parents*, mas este elemento não será acessível a uma referência pronominal, como mostra (35).

(35) *Max is an orphan and he deeply misses *them*.
(35) *Max é órfão e ele sente profundamente a falta d*eles*.

Esta restrição foi formulada dizendo que um lexema como *órfão* se comporta, frente a seus primitivos semânticos, como uma ilha anafórica: "órfão é uma ilha anafórica com relação à interpretação de pronomes potencialmente correferenciais como *them*" (Postal, 1969:206).

Ocorre que esse tipo de restrição deve ser considerado com a maior reserva. A observação mostra realmente que os pronomes do tipo "*them*", em (35), são os mais freqüentes, e não apenas na oralidade. O pronome "*elles*", no exemplo (34), discutido mais acima, é um caso prototípico de transgressão à restrição da ilha anafórica!

Referências bibliográficas

APOTHÉLOZ, D. (à paraître). Dês nominalisations et de quelques anaphores atypiques. *Travaux Neuchâtelois de Loinguistique (TRANEL).*

APOTHÉLOZ, D. (à paraître). Aspects pragmatiques de l'opération de référence: les syntagmes nominaux surdéterminer. In: A. Berrendonner, M. J. Reichler-Béguelin, D. Apothéloz, J. Rouault, *Stratégies référentielles et calculs des noms.*

APOTHÉLOZ, D., Reichler-Béguelin, M.-J. (à paraître). Demonstrative reference and associativity. *Journal of Pragmatics.*

BENVENISTE, E. (1966). *Problèmes de linguistique générale, 1.* Paris: Gallimard.

BERRENDONER, A., Reichler-Béguelin, M.-J. (1989). Décalages: les niveaux de l'analyse linguistique. *Langue Française, 81*, 99-125.

BERRENDONER, A. (à paraître, *a*). Anaphore associative et méréologie. In: *Actes du colloque Lesniewski,* Grenoble, 8-10 octobre 1992.

BERRENDONER, A. (à paraître, *b*). Saillance et constellations. In: A. Berrendoner, M.-J. Reichler-Béguelin, D. Apothéloz, J. Rouault, *Stratégies référentielles et calculs des noms.*

BOSCH, P. (1983). *Agreement and Anaphora. A Study of the Role of Pronouns in Syntaxe and Discourse.* Londres: Academic Press.

CHANET, C. (1994). *Manipulations sur les SN anaphoriques résomptifs.* Université de Fribourg, Séminaire de linguistique française. Document de recherché FNRS. 20pp.

CHAROLLES, M. (1990). L'anaphore associative. Problèmes de delimitation. *Verbum, 13* (3), 119-148.

CHAROLLES, M., Schnedecker, C. (1993). Coréférence et identité. Lê problème dês référents évolutifs. *Langages, 112,* 106-126.

CHAROLLES, M., Kleiber, G. (éds) (à paraître) *Associative Anaphora and its Interpretation.* Numéro special du *Journal of Pragmatics.*

CONTE, M. E. (1981). Deissi testuale ed anáfora. In: *Sull'anafora.* Atti Del seminário, Accademia della Crusca, 14-16 dicembre 1978. Florence: Presse L'Accademis della Crusca, 37-54.

CONTE, M. E. (1988). *Condizioni di coerenza. Ricerche di lingüística testuale.* Florence: La Nuova Itália Editrice.

CORAZZA, e., DOKIC, j. (1993). *Penser em contexte: Lê phénomène de l'indexicalité.* Suivi de *Frege et les démonstratifs*, par Gareth Evans. Combas: Éditons de l'éclat.

CORNISH, F. (1987). Anaphoric pronouns: under linguistic control or signalling particular discourse representations? *Jopurnal os Semantics, 5*, 233-260.

CORNISH, F. (1990). Anaphore pragmatique, reference, et modèles du discours. In: *L'anaphore et ses domines.* Études publiées par G. Kleiber et J. E. Tyvaert. Recherches linguistiques XIV, Centre d'Analyse Syntaxique de l'Université de Metz. Paris: Klincksieck, 81-96.

CORNISH, F. (1994). Agreement and discours: from cohesion to coherence. *Journal of French Language Studies, 4*, 191-213.

DONNELLAN, K. (1966). Reference and definite descriptions. *Philosophical Review, 75*, 281-304.

DUCROT, O. (1972). *Dire et ne pas dire.* Paris: Hermann.

FAUCONNIER, G. (1974). *La coréférence: syntaxe ou sémantique:* Paris: Ed. Du Seuil.

FONTANIER, P. (1977). *Les figures du discours.* Paris: Flammarion.

FRASER, T., A. (1980). Le système de la deixis. Endophore et cohesión discursive en anglais. *Modèles linguistiques, 2* (2), 22-51.

FREDJ, M. (1993). *SAPHIR: um système d'objets inférentiels. Contribution à l'étude de raisonnements em langue naturelle.* Grenoble: Université Pierre Mandès France. Thèse de doctorat, Centre de Recherche em Informatique appliquée aux Sciences Sociales.

GUNDEL, J. K., HEDBERG, N., ZACHARSKI, R. (1993). Cognitive status and the form of referring expressions in discourse. *Language, 69* (2), 274-307.

HALLIDAY, M.A.K., HANSAN, R. (1976). *Cohesion in English.* Londres: Longman.

HAWKINS, J. A. (1977a). The pragmatics of definiteness. Part I. *Linguistische Berichte, 47*, 1-27.

HERINGER, J. T. (1969). Indefinite noun phrases and referential opacity. In: R.I. Binnick, A. Davinson, G.M. Green, J.L. Morgan (éds), *Papers from the 5th Regional Meeting of the Chicago Linguistic Society.* Chicago: University of Chicago, 89-97.

KARTTUNEN, L. (1969). Prounouns and variables. In: R.I. BINNICK, A. DAVINSON, G. M. GREEN, J.L. MORGAN (éds), *Papers from the Fifth Regional meeting of the Chicago Linguistic Society.* Chicago: University of Chicago, 108-116.

KLEIBER, G. (1986a). Déictiques, embrayeurs, "token-reflexives", symbols indexicaux, etc.: comment les définir? *L'informmation grammaticale, 30,* 3-22.

KLEIBER, G. (1986b). Pour une explication du paradoxe de la reprise immédiate. *Langue française, 72I, 54-79.*

KLEIBER, G. (1990a). Marqueurs référentiels et processus interprétatif: pour une approche "plus sémantique". *Cahier de linguistique française, 11,* 241-258.

KLEIBER, G. (1990b). Sur l'anaphore associative: article défini et adjectif démonstratif. *Rivista di Linguistica, 2* (1), 155-175.

KLEIBER, G., SCHNEDECKER, C. UJMA, L. (1994). L'anaphore associative, d'une conception l'autre: In: C. SCHNEDECKER, M. CHAROLLES, G. KLEIBER, J. DAVID (sous la dir. De), *L'anaphore associative (Aspects linguistiques, psycholinguistiques et automatiques).* Université de Metz: Centre d'Analyse Syntaxyque; Paris: Klincksieck, 5-64.

LAWLER, J. (1977). Quelques problèmes de référence. *Langages, 48,* 100-119.

LYONS, J. (1978). *Eléments de sémantique.* Paris: Larousse. Trad. de *Semantics I,* Cambridge University Press.

LYONS, J. (1980). *Sémantique linguistique.* Paris: Larousse. Trad. de *Semantics II,* Cambridge University Press, 1978.

MIÉVILLE, D. (à paraître). Associative anaphora, object in process: an attempt at formalization. *Journal of Pragmatics.*

MILNER, J. C. (1989). *Introduction à une science du langage.* Paris: Ed. du Seuil.

QUINE, W. V. O. (1960). *Word and Object.* Cambridge, Mass.: M. I. T. Press.

REICHLER-BÉGUELIN, M. J. (1988a). Anaphore, cataphore et mémoire discursive. *Pratiques, 57,* 15-43.

REICHLER-BÉGUELIN, M. J. (1988b). Norme et textualité. Les procédés référenciels considérés comme déviants en langue écrite. In: G. SCHOENI, J. P. BRONCKART, P. PERRENOUD (sous la dir. de), *La langue française est-elle gouvernable?* Neuchâtel et Paris: Delachaux & Niestlé, 185-216.

REICHLER-BÉGUELIN, M. J. (1993a). Anaphores associatives non lexicales: incomplétudes macrosyntaxique: In: S. KAROLAK, T. MURYN (éds), *Complètude et incomplètude dans les langues romanes et slaves.* Cracovie: École Normale Supérieure, Institut d'Études Romanes, 327-379.

REICHLER-BÉGUELIN, M. J. (1993b). Faits deviants et tri des observables. *Travaux Neuchâtelois de Linguistiques (TRANEL), 20,* 89-109.

REINHART, T. (1986). Center and periphery in the grammar of anaphora. In: B. lust (éd). *Studies in the Acquisition os Anaphora, Vol. 1: Defining the Contraints.* Dodrecht: D. Reidel, 123-150.

TASMOWSKI, L., VERLUYTEN, P. (1985). Control mechanisms of anaphora. *Journal of Semantics, 4,* 341-370.

YULE, G. (1981). New, current and displaced entity reference. *Lingua, 55,* 41-52.

Notas

[1] APOTHÉLOZ, Denis. *Rôle et fonctionnement de l'anaphore dans la dynamique textuelle.* Tese (Doutorado) – Université de Neuchâtel, 1995. p.18-43. /Tradução de Mônica Magalhães Cavalcante; revisão de Alena Ciulla/.

[2] Esta relação entre o antecedente e o anafórico é descrita, na gramática gerativa, por meio da noção de *c-comando* (em inglês: *constituent-command*). Um pronome é ligado se for co-indiciado com um SN que o *c-comanda*. Em uma estrutura arbórea, um nódulo A c-comanda um nódulo B se: (1) A não domina B e B não domina A; (2) o primeiro nódulo do ramo que domina A domina igualmente B (Reinhart, 1986)

[3] Para uma discussão das teses apresentadas por Bosch, ver Tasmowski e Verluyten (1985) e Cornish (1987).

[4] Ver sobre este ponto os argumentos de Cornish (1994), em que nos inspiramos aqui.

[5] Para uma crítica desta distinção, ver Lawler (1977).

[6] Pelo menos é o que parece ressair de trabalhos recentes sobre os referentes "evolutivos". Ver, a este propósito, Charolles; Schnedecker (1993), assim como uma obra coletiva a sair em Benjamins, dirigida por A. Reboul.

[7] Ver mais adiante: Capítulo 3, seção 4.

[8] Para uma apresentação minuciosa das diversas concepções da noção de dêixis, ver o artigo muito documentado de Kleiber (1986 a). Ver igualmente, numa perspectiva filosófica, a obra de Corazza; Dokic (1993) sobre a indicialidade.

[9] De acordo com o modo como o espaço é metaforizado, Conte fala de *topodêixis* ou de *cronodêixis.*

[10] Sobre este tipo de expressão, ver também Conte (1988:73-78). Segundo Gundel, Hedberg e Zacharski (1993), é o determinante demonstrativo *that* que pode ter esta função em inglês: seu emprego requer (ou indica) familiaridade com o referente, mas não exige sua ativação anterior, como é caso de *this.* Estes autores denominam este emprego de familiaridade de *reminder THAT.*

[11] Ocorre que a língua não possui derivado nominal com a mesma base morfológica do verbo (cf. "*les archives seront vendues... la vente*"). Pode haver, assim, emprego de uma nomeação derivada de uma outra base, que suplementa o derivado que falta. Cf. o lexema combustion no exemplo seguinte:

La houillère de Travershall brûlait. Elle brûlait depuis des années; [...] Et quand le vent soufflait de là, ce qui arrivait souvent, la maison était pleine de la puanteur qu'exhalait cette sulfureuse combustion des excréments de la terre. (D. H. Lawrence, *L'Amant de Lady Chatterley*, 34, trad. frçse)

Sobre as nomeações, ver Apothéloz (a sair).

12 Uma tentativa de formulação de modelo de anáfora associativa, baseada na noção de *tipo*, foi recentemente proposta por Berrendonner (a sair, *a*). Ela está fundamentada na noção de ingrediência da mereologia de Lesniewski. Uma outra proposta de formalização, recorrendo ao mesmo modelo lógico, é a de Miéville (a sair). A resolução das anáforas associativas é um dos problemas aos quais se acham confrontados os sistemas de extração automática de conhecimentos e de simulação de raciocínio "natural". Ver a este propósito Fredj (1993).

13 Para um estudo detalhado do emprego dos pronomes em anáfora associativa, ver Reichler-Béguelin (1993 a), que analisa numerosos exemplos orais e escritos. Para uma discussão dos problemas de delimitação que a anáfora associativa coloca, ver Charolles (1990). Encontraremos igualmente um estudo dos empregos discursivos dos SNs demonstrativos não-correferenciais em Apothéloz; Reichler-Béguelin (a sair). Assinalaremos, enfim, o volume inteiramente consagrado à anáfora associativa publicado sob os cuidados de C. Schnedecker, M. Charolles, G, Kleiber e David (1994), assim como o próximo fascículo do *Journal of Pragmatics* também consagrado a este assunto (Charolles; Kleiber, a sair).

Reflexões sobre a referência e a correferência

Jean-Claude Milner[1]

1. A noção de *referência* não deixa de dar lugar a discussões desde que a língua foi concebida como um conjunto bem definido, tendo pelo menos uma propriedade distintiva: justamente a que consiste em *designar*. Não será o caso aqui de fazer um histórico, nem de propor uma teoria que colocará em seus lugares todas as controvérsias das quais esta noção foi objeto; simplesmente parece desejável fixar pelo menos algumas distinções e alguns termos úteis, não para uma teoria universal da referência, mas para uma exposição empírica dos dados lingüísticos para os quais a noção é pertinente.

Costuma-se reconhecer que, sob certas condições, as seqüências lingüísticas podem ser associadas a certos segmentos da realidade, as quais elas supostamente designam e que são sua referência. Além disso, tendo-se admitido que as seqüências lingüísticas se ordenam em categorias, a associação não se faz segundo as mesmas vias, de acordo com a natureza categorial da seqüência: dito de outro modo, admite-se (explicitamente ou não) que, distinguindo-se os nomes e os verbos conforme certos critérios sintáticos, seu estatuto referencial não é idêntico. Sem entrar nos detalhes desta questão, que está longe de ser trivial, nós nos limitaremos aqui ao caso das seqüências nominais[2].

Uma seqüência nominal possui, então, uma referência, a qual é o segmento da realidade que lhe é associado. Contrariamente ao que se crê muitas vezes, este segmento não é, necessariamente, espácio-temporal: um nome "abstrato" não é menos associável a um segmento da realidade que um nome "concreto", simplesmente o segmento não é referido da mesma maneira. Isto posto, basta refletir um instante para observar que não é uma seqüência nominal qualquer que está associada a um segmento qualquer; ou melhor, uma língua natural comporta um léxico, e uma das propriedades deste último é a de distinguir as unidades segundo o tipo de segmento que elas podem designar. Escolhida uma unidade lexical, certos segmentos são logo eliminados enquanto referências possíveis. Neste sentido, a cada unidade lexical individual, é relacionado um conjunto de condições que devem satisfazer um segmento da realidade para poder ser a referência de uma seqüência onde intervirá crucialmente a unidade lexical em causa. Este conjunto de condições descreve, então, *um tipo* (ou, se quiser, uma *classe*) de referência possível; ele é distinto dos segmentos da realidade, mas se apóia neles. Para exprimir esta situação, pode-se recorrer aos termos seguintes: o segmento da realidade associado a uma seqüência é sua *referência real*; o conjunto de condições que caracterizam uma unidade lexical é sua *referência virtual*[8].

Vê-se, facilmente, que esta última noção se prende ao que se chama naturalmente de sentido lexical, e, de fato, a referência virtual de uma unidade é exatamente aquela que tenta representar a definição do dicionário. Simplesmente, na medida em que esta última deve ser considerada como uma paráfrase, ou uma tradução, ou uma representação verbal (ou mesmo metafórica) de uma entidade indefinível, dita *sentido*, ela obtém um estatuto claro: as condições exigidas para considerar uma realidade. Uma unidade lexical só pode ter referência real se ela for empregada; fora do emprego, ela só pode, evidentemente, comportar as condições de uma eventual referência real, quer dizer, sua referência virtual. Mas, por outro lado, se considerarmos os empregos neles mesmos, não são às unidades lexicais como tais que estão associados os segmentos da realidade, mas aos grupos nominais tomados em seu conjunto. Dentro destes grupos, muitas unidades lexicais podem intervir, e as referências virtuais de cada uma se combinam para conter uma referência real possível; mas uma referência real dada só está associada à combinação do conjunto e não a cada uma das unidades combinadas. Certos dados se deixam descrever facilmente em torno desta base. Consideremos as expressões quantitativas; há razões para pensar que, dentro de uma seqüência do tipo *dix lions* – dez leões –, *dix* – dez – é um determinante e *lions* – leões – não é um grupo nominal; por conseqüência, somente a combinação *dix lions* tem uma referência real e *lions* só possui uma referência virtual. Se, então, um pronome anaforiza *lions*, ele não supõe a identidade de referência real, mas somente a identidade de referência virtual, quer dizer, a identidade de propriedades lexicais. Assim também dentro de uma sucessão do tipo:

(1) j'ai vu dix lions et toi tu en as vu quinze
(1) eu vi dez leões, e tu viste quinze (leões)

en não implica que se trate dos mesmos segmentos da realidade, muito pelo contrário. Inversamente, no caso dos partitivos, como:

(2) j'ai capturé dix des lions, et toi tu en as capturé quinze
(2) eu capturei dez dos leões, e tu capturaste quinze (leões)

en retoma um grupo nominal (*des lions* – dos leões), dotado de referência real; ele supõe, então, identidade não somente lexical, mas também do ponto de vista dos segmentos designados: trata-se dos mesmos leões[4].

2. Este exemplo basta para mostrar que toda modificação na noção de referência pode ter conseqüências sobre as noções mais propriamente lingüísticas que dependem dela: essencialmente, as de correferência e anáfora. *A priori*, se desdobrarmos a noção de referência, devemos fazer o mesmo com a de correferência, e distinguiremos correferência real e correferência

virtual. A primeira só pode, evidentemente, ser definida como uma relação simétrica entre dois elementos que possuem uma referência real, tendo, então, na ocorrência, o estatuto de grupo nominal. Ela implica identidade material absoluta dos segmentos designados, mas não necessariamente a identidade das unidades lexicais empregadas. Dada a definição de referência virtual, a correferência virtual é a relação que existirá entre duas unidades lexicais diferentes, tendo em todos os aspectos as mesmas propriedades lexicais; ela equivale, então, à sinonímia lexical absoluta.

Porém, sabe-se que se pode duvidar que ela exista dentro das línguas naturais. Admitamos que ela não existe e coloquemos o seguinte princípio:

(3) Duas unidades lexicais diferentes não podem ter a mesma referência virtual.

A conseqüência é que entre dois grupos nominais, diferindo somente por uma unidade lexical, só pode haver correferência real. Ademais, casos como (1), onde *en* supõe uma correferência virtual, só são possíveis na medida em que *en* é uma unidade pronominal, desprovida de referência virtual própria. Mais genericamente, pode-se concluir de (3): para que uma unidade lexical X entre em relação de correferência virtual com uma unidade Y, é necessário que Y seja desprovido de referência virtual própria (quer dizer, que seja um pronome) ou que Y seja a mesma unidade lexical.

3. A relação de correferência tem, bem evidentemente, um oposto: a *distinção referencial* que se estabelece entre dois termos que não têm a mesma referência. Para ser preciso, é necessário distinguir aqui dois subcasos:

- duas referências podem ser distintas ao ponto de não terem nenhum traço em comum: tem-se, então, *disjunção referencial*;

- duas referências podem ser distintas e, apesar disso, ter alguns traços em comum: tem-se, então, *interseção referencial*, com algo como um caso particular de inclusão.

Em cada um desses dois subcasos, o desdobramento da noção de referência pode aplicar-se: assim, sustentar que a sinonímia lexical absoluta não existe significa que todas as unidades lexicais são, enquanto tais, distintas do ponto de vista da referência virtual. Se recordarmos, entretanto, que esta última pode ser concebida como um conjunto de traços exigidos *a priori* de um referente possível, não se exclui que, para duas unidades lexicais distintas, suas referências virtuais, necessariamente não idênticas, mantenham, todavia, as relações de agrupamento de interseção e de inclusão: assim, um segmento da realidade que satisfaça as condições necessárias para ser nomeado como *jeune fille* pode também satisfazer as condições ligadas à unidade *secrêtaire*; existe uma interseção. Paralelamente, um segmento da realidade nomeado como *bœuf* pode sempre ser designado como *quadrupède*: existe uma inclusão.

Do mesmo modo pode-se definir disjunção, interseção e inclusão das referências reais; mas, nesse caso, tratar-se-á dos próprios segmentos designados, e as relações de agrupamento operarão sobre a realidade: sobre as multiplicidades e os indivíduos que nela se distinguem. Particularmente, se a referência real é um indivíduo, a interseção referencial é impossível; a correferência real implica a identidade material absoluta, e a não-correferência, a distinção material absoluta.

4. Noções semelhantes têm adquirido alguma importância na descrição desde que foi proposta por Chomsky uma restrição chamada Disjunção Referencial, que se pode formular assim:

(4) Dois termos referenciais são referencialmente disjuntos dentro do mesmo domínio.

Por termos referenciais, entendem-se os nomes ou os pronomes; quanto à noção de domínio, é definida pela restrição do sujeito especificado e pela restrição das frases finitas. Além disso, (4) é sensível ao princípio A/A.

Notar-se-á que (4) é formulado em termos de disjunção e não de distinção; isto é, a restrição exclui tanto (5a), onde há interseção referencial, quanto (5b), onde há correferência:

(5) (a) les Dioscures aimaient Castor
(b) Narcisse l'a vu dans l'eau
(5) (a) Os Dioscures amam Castor.
(b) Narciso o viu na água.

Qualquer que seja o estatuto de (4)[5], observar-se-á que os exemplos citados atestam os efeitos sobre a correferência real. Será interessante estabelecer o que é a correferência virtual quanto a isto. Deste ponto de vista, os diversos usos de *en* são esclarecedores. Em (6), (6a) não pode ser sinônimo de (6b):

(6) (a) ma voiture en a perdu le pneu gauche
(b) ma voiture a perdu son pneu gauche
(6) (a) meu carro perdeu o pneu esquerdo.
(b) meu carro perdeu seu pneu esquerdo

Melhor dizendo, *en* só pode ter a mesma referência que *voiture* – carro. Isto segue de (4), mesmo que a aceitabilidade de (6b) seja preservada pelo princípio A/A, que impede que (4) se aplique a *son* – seu.

Mas poderemos opor a (6a) os enunciados aceitáveis:

(7) (a) un homme averti en vaut deux
(b) un train peut en cacher un autre
c) deux de mes chiens en ont mordu trois des vôtres
(7) (a) um homem prevenido vale por dois
(b) um trem pode esconder um outro
(c) dois de meus cachorros moderam três dos seus

Se nos detivermos nas referências reais, é verdade que estas frases não violam (4); mas o mesmo não acontece nas referências virtuais: aqui, como em (1), existe correferência virtual. É necessário, então, sustentar, desta vez, que *en*, enquanto anafórico, recupera o sujeito, mas que, todavia, (4) não tem lugar para se aplicar. Não há nada de difícil se se restringe (4) a uma relação entre as referências reais.

Existe, da observação precedente, uma confirmação: uma frase análoga ao conjunto (7) deixa de estar correta se, à correferência virtual de *en*, se junta uma interseção referencial. Assim, em:

(8) Les Français en ont élu un pour les gouverner.
(8) Os franceses elegeram um (francês) para governá-los.

Parece impossível que *en+un* tenha como referência real um Français[6]. (4) se aplica pela segunda vez, tanto como em (5). Tal exemplo confirma, de resto, que a referência real se liga à combinação do numeral *un* com o pronome *en* (cf., neste sentido, Milner, 1978).

5. Parece, então, que a Disjunção Referencial não vale para as referências virtuais. Tal conclusão deve ser estabelecida em outros contextos além de (7), cujo elemento crucial é um par nome/pronome. Porque se recorde que a correferência virtual pode existir entre dois nomes, na condição de que eles sejam lexicalmente idênticos. Logo os exemplos pertinentes existem:

(9) l'homme est un loup pour l'homme
(9) o homem é um lobo para o homem

A referência virtual é necessariamente a mesma; contudo parece que (4) se aplica, visto que (9) denota uma relação entre indivíduos distintos. Mas o detalhe é embaraçador: manifestamente, a referência de *l'homme* – o homem –, dentro de seus dois empregos, não é um indivíduo. É o que se exprime ao dizer que *l'homme* – o homem – é genérico: em outros termos, supõe-se que *l'homme* tem para referência real o *gênero*, e não os indivíduos que o compõem.

Mas, se este é o caso, a referência real de *l'homme* é a mesma nos dois empregos: há, então, uma violação de (4)[7]. Uma observação análoga valerá para outros N" cuja referência não é um indivíduo:

(10) (a) les Français parlent aux Français
(b) certains êtres vivants se nourrissent d'êtres vivants
(c) tout misanthrope digne de ce nom déteste les misanthropes
(d) persone n'aime persone

(10) (a) os franceses falam aos franceses
(b) certos seres vivos se alimentam de seres vivos
(c) todo misantropo digno desse nome detesta os misantropos
(d) ninguém ama ninguém

Aqui, novamente as referências são genéricas e idênticas ou estão em relação de inclusão.

Tudo se esclarece, todavia, se prestarmos atenção a isto: apesar da terminologia usual, o ponto comum aos exemplos (9) e (10) não é que sua referência real seja o gênero enquanto tal. De fato, a diferença conceptual não se estabelece entre gênero e indivíduo particular, mas entre variabilidade e constância da referência: em (9) e (10), a referência é construída como um percurso de valores no sentido de Frege, e não como um valor isolável. Se quisermos falar de genérico, é necessário notar que o gênero não é designado diretamente como uma constante, mas que se deve atentar para um percurso distributivo de todos os valores particulares possíveis (cf. abaixo, p. 61). O que os dados impõem é a hipótese de que (4) se aplique unicamente aos valores particulares.

Mas se reconhece, nesse caso, uma situação análoga a (7). Com efeito, é necessário considerar que a variabilidade da interpretação referencial – cujas leis não são, além disso, as mesmas conforme se tenha *le, un, tout* – o, um, todo – etc. – é uma propriedade *a priori* de certos determinantes, que se pode denominar de quantificadores: ela concorre para a constituição da referência virtual do Grupo Nominal, acrescentando às condições "descritivas", inerentes ao sentido próprio das unidades lexicais, condições estritamente formais. A referência real é, neste caso, o valor individual que se dá a N": mesmo que ela deva responder às condições exigidas *a priori* pelas unidades *homme, Français, être vivant* – homem, francês, ser vivo, etc., ela responde também à condição fundamental que impõem todos os quantificadores, a saber, a variabilidade. Ela responde, além disso, às leis lógicas que regem esta variabilidade e que particularizam *le* – o – em relação a *un, tout* – um, todo – em relação a *certains* – certos etc. A referência real de *l'homme* – o homem, em (9), não é, então, o gênero dos homens, totalidade em si mesma constante e individual, mas cada valor, variável quanto a sua identidade substancial, que satura o conceito "*être un homme*" – ser um homem[8]. Portanto, na medida em que (4) só concerne às referências reais, só há disjunção para os valores particulares. Na medida em que os *percursos* de valores só se constroem do ponto de vista da referência virtual, (4) não os afeta: eles podem ser perfeitamente idênticos como em (9) ou (10a), (10c), (10d), ou estar em interseção como em (10b).

6. Parece, enfim, que muitas discussões a respeito da identidade lingüística podem, agora, ser retomadas sob novo prisma. É de tradição distinguir, para duas unidades referenciais, a identidade das referências e a identidade lexical. A primeira não é nada além da referência real: ela implica a identidade material dos segmentos designados (quando estes têm uma substância), mas não a identidade das unidades lingüísticas designadoras.

A segunda é mais complexa: em si mesma, a identidade lexical é a identidade material das unidades lingüísticas: nada mais, nada menos[9]. Mas, por causa da inexistência da sinonímia lexical absoluta, a identidade lexical e a correferência virtual se equivalem, quando se trata de nomes. Elas não são, todavia, o mesmo conceito: assim, em termos estritos, será errado sustentar que a anáfora pronominal supõe a identidade lexical, de vez que, por princípio, um nome e um pronome são materialmente (e lexicalmente) distintos. Mas pode-se dizer que, na maioria dos casos, o pronome deve ter a mesma referência virtual que seu antecedente; por vezes, é mesmo esta a única relação que se estabelece: assim em (1). Por maneira de dizer, na medida em que a referência virtual está relacionada, para os nomes, a sua especificidade lexical, dir-se-á que o pronome, neste caso, retoma a unidade lexical: este é, por exemplo, o ponto de vista de Gross (1973), para quem *en*, em (1), "designa" (aponta para) a unidade *lions* – leões. Vê-se em qual sentido a fórmula é justificável, mas também o quanto ela é imprecisa.

Mais geralmente, será necessário atentar para a distinção entre os casos em que a identidade lexical como tal está implicada e os casos em que somente a correferência virtual é crucial. A anáfora pronominal é um exemplo do segundo tipo. Quanto ao primeiro, talvez ele só exista nas circunstâncias em que um elemento nulo entra em jogo: apagamentos, anáforas nulas ou vestígios. Na mesma medida em que tal elemento não tem substância própria, concebe-se que a relação de identidade que ele mantém com um antecedente possa e talvez deva compreender todas as dimensões: referência real, referência virtual, mas também substância material[10].

Anáfora nominal e pronominal

1. Há relação de anáfora entre duas unidades A e B quando a interpretação de B depende crucialmente da existência de A, a ponto de se poder dizer que a unidade B só é interpretável na medida em que ela retoma – inteira ou parcialmente – A. Esta relação existe * quando B é um pronome cuja referência virtual só se estabelece pela interpretação de um N" que o pronome

"repete". Ela existe igualmente quando B é um N" cujo traço definido – ou seja, o traço identificável do referente – depende exclusivamente[11] da ocorrência, no contexto, de um certo N" – na verdade, geralmente, o mesmo do ponto de vista lexical.

Estudaremos, em primeiro lugar, a anáfora pronominal. O mecanismo de agrupar é conhecido, mas o detalhe merece ser exposto mais cuidadosamente. Para isto, convém retomar, para refinar um pouco, a noção de referência.

2. Consideremos as unidades lexicais comuns; elas têm uma referência virtual que subsiste fora de emprego e que permite delimitar *a priori* o tipo de sua referência real possível. É isto que atesta a possibilidade de dar, a estas unidades, uma definição aristotélica, que não faça intervir no *definiens* o enunciado do *definiendum*. Mas isto nem sempre é verdade: consideremos o pronome *je*; sabe-se que ele só pode ser verdadeiramente definido fora de emprego, como "*est **je** celui qui peut dire **je***" – sou **eu** aquele que pode dizer **eu**; ou melhor, a condição exigida para que um segmento da realidade seja designado por *je* – eu – só é delimitada pelo próprio enunciado de *je*. Isto torna a mostrar que a referência virtual de *je* só pode ser tornada autônoma em relação ao emprego de *je* dentro de um enunciado particular onde ele tem uma referência real[12]. Vamos chamar esta característica pelo termo *não-autonomia referencial*: será, então, não-autônoma uma unidade cuja referência virtual não pode ser definida sem mencionar a própria unidade que é enunciada num enunciado particular.

Evidentemente, o caso dos pronomes de terceira pessoa entra nesta categoria: a referência virtual de um pronome assim não pode ser definida em si mesma fora de emprego, não sendo exigida nenhuma condição num segmento da realidade para que ele seja designado por *il* - ele *(elle, ils* – ela, eles, etc.), exceto as condições ligadas ao enunciado particular onde *il* – ele – é empregado. Entretanto, as condições em causa são diferentes das que existem para *je, tu* – eu, tu etc.: para estes, elas são inteiramente incluídas no enunciado considerado; para o pronome de terceira pessoa, elas não o são: pode ser designado por *il* um segmento da realidade em que, no momento em que *il* é usado, uma outra designação, referencialmente autônoma, foi empregada.

3. É justamente isto que se entende por anáfora pronominal: ela combina, como se vê, a relação simétrica de correferência e uma relação assimétrica, que se pode chamar de retomada, entre dois termos heterogêneos, um autônomo, outro não-autônomo. Conforme a base da correferência seja a referência real ou virtual, deve-se distinguir três casos:

- o pronome tem uma referência real, ele está em relação de correferência com uma entidade dotada de referência real, isto é, um grupo nominal; estas duas referências reais são idênticas. É o caso geral.
- o pronome tem uma referência real; ele está em relação de correferência com uma entidade dotada de referência real (um grupo nominal); estas duas referências reais não são idênticas. A base de identidade necessária para a anáfora só pode ser, então, a referência virtual: este é o caso ilustrado na p. (35).
- o pronome não tem referência real; ele só pode, então, estar em relação de correferência com uma entidade não-dotada de referência real, e a correferência só pode concernir às referências virtuais, ou seja, em última análise, à identidade lexical. É o caso de *en* anaforizando N ou N'.

Vê-se, então, em qual sentido o pronome pode ser considerado como extraindo sua referência do nome que ele anaforiza. Com efeito, é por si mesmo que ele tem uma referência real (ou pelo menos esta só depende da posição sintática que ele ocupa; do mesmo modo para um nome comum); mas para determinar, entre todos os segmentos da realidade possíveis, aqueles que podem ser designados, serão necessárias condições que o pronome não pode requerer, visto que ele não tem referência virtual. Estas condições só podem vir de outros: na ocorrência de uma unidade autônoma já mencionada.

Estes princípios têm conseqüências menos triviais do que poderia parecer. Assim, observa-se que, na generalidade dos sistemas lingüísticos, os pronomes de primeira e segunda pessoas não dão lugar à anáfora; isto não é evidente: afinal de contas, *moi* – meu – e *toi* – teu – não se distinguem muito, de um ponto de vista sintático, dos nomes[13], e não se vê bem porque não se terá seqüências *moi, je... le* – meu, eu... o, com *le* = *moi* – o = meu – sob relações de proximidade usualmente invocadas. Mas isto se explica evidentemente segundo nossos princípios, pois *moi* e *toi* (sem falar de *je* e *tu*) são não-autônomos e não podem constituir o termo à esquerda em uma relação anafórica.

4. Tomada em si mesma, a anáfora pronominal usual não é nada mais que a combinação da correferência e da retomada. Ela não implica, então, necessariamente, que um dos termos ligados seja não-autônomo, mas o fato de ele ser tem uma conseqüência imediata: a anáfora é diretamente interpretável somente a partir do contexto lingüístico, sem informação tocante aos segmentos designados. Com efeito, não tendo referência virtual própria o elemento não-autônomo, nenhuma propriedade é pressuposta para o segmento que ele designa, exceto aquelas que exigiam a unidade autônoma anaforizada. Tal é o traço reconhecido da anáfora pronominal, e a ausência de referência virtual dos pronomes, que, para alguns deles – nomeadamente os de terceira pessoa – impõe um estatuto anafórico, é também o que torna a anáfora possível dentro das condições observadas. Mas aqui uma confirmação deverá ser permitida: se existissem elementos não-autônomos que não fossem os pronomes, eles deveriam também, quando entrassem em uma relação anafórica, não exigir nenhuma informação não-lingüística para que a interpretação fosse possível.

Portanto, é exatamente isto que acontece: pode-se mostrar que certos nomes, ditos epítetos (Lakoff, 1968) ou nomes de Qualidade (Milner, 1973), não são referencialmente autônomos:

imbécile, canaille, sot, snob, cruche – imbecil, canalha, parvo, esnobe, estúpido – etc. exigem segmentos que eles podem designar das propriedades que, em última análise, contêm o enunciado do próprio nome: é *imbécile (sot* etc.) aquele que se diz *imbécile, sot* etc[14]. Agora, consideremos um exemplo:

(1) (a) un chasseur est arrivé hier; l'imbécile avait manqué tous ses tirs
(b) ton frère est arrivé hier; l'imbécile avait manqué tous ses tirs

(1) (a) um caçador chegou ontem; o imbecil tinha errado todos os seus tiros.
(b) teu irmão chegou ontem; o imbecil tinha errado todos os seus tiros.

A presença do artigo definido em *l'imbécile* – o imbecil – obriga a considerar este grupo como uma retomada, mas é claro também que nenhuma informação suplementar é necessária para admitir que *l'imbécile* possa ser correferencial com a unidade autônoma precedente (que pode ser definida ou indefinida): a relação anafórica se estabelece, então, sem mais dificuldades que para um pronome de terceira pessoa.

Não seria o mesmo se a correferência devesse ligar duas unidades autônomas:

(2) ton frère est arrivé hier; l'époux de Jeanne avait manqué tous ses tirs

(2) teu irmão chegou ontem; o marido de Jeanne tinha errado todos os seus tiros.

Para compreender que há correferência, é preciso saber – e isto, o contexto não é suficiente para estabelecer – que o segmento da realidade designado possui, ao mesmo tempo, as propriedades exigidas, respectivamente, pela primeira e pela segunda unidade lexical para que ele seja sua referência real. Em outras palavras, é necessário saber que duas referências virtuais distintas são satisfeitas pelo mesmo segmento: a esse caso de informação objetiva e individual, chamamos de pressuposição[15].

Se admitimos provisoriamente que (2) é um exemplo de anáfora, o tipo de anáfora deve ser distinguido da anáfora ilustrada em (1), análoga à anáfora pronominal. Convém-nos falar, nos dois últimos casos, de anáfora *contextual*, e no primeiro de anáfora *pressuposicional*. Como se vê, a anáfora contextual não diz respeito somente aos pronomes: ela possui a generalidade que prevêem nossos princípios e por isto os confirma.

5. Quanto à anáfora pressuposicional, sua existência mesma é mal estabelecida. Consideremos (2): nada nos obriga a falar de anáfora; existe, sim, correferência, mas não a relação simétrica de retomada cuja validação parece necessária à anáfora: *l'époux de Jeanne* – o marido de Jeanne – não repete *ton frère* – teu irmão, é uma unidade que tem, independentemente de qualquer outra, uma referência real, a qual vem a ser a mesma de *ton frère*: paralelismo e não repetição. A bem da verdade, a relação de anáfora, enquanto retomada, se marca assim:

- uma unidade comporta *le* - o;
- este artigo definido indica que o segmento designado é identificável;
- dentro do enunciado considerado, ele só pode ser identificado como já tendo sido mencionado em um enunciado anterior identificante[16]; se ele é identificado de outro modo, não há necessidade de considerá-lo como retomada e não há anáfora.

Em outras palavras, a anáfora é estabelecida quando não há nenhum outro princípio permitindo justificar o fato de que um segmento seja considerado como identificável: portanto, *l'époux de Jeanne* – o marido de Jeanne –, estando suficientemente identificado pela referência a *Jeanne*, não é anafórico; do mesmo modo *ton frère* – teu irmão –, por assinalar a segunda pessoa, e também os nomes de referência única, tais como *le soleil* etc.

O tipo fundamental da relação anafórica nominal é, assim, evidentemente, a sucessão de duas unidades lexicais, em que a primeira, indefinida, designa uma referência real não-identificada, mas se inclui num enunciado que a identifica, e a segunda, definida, designa uma referência identificada somente pela relação de retomada. É a bem conhecida sucessão "*un... le*" – "um... o".

De modo geral, já que se trata de duas unidades autônomas, a segunda comporta a mesma unidade lexical que a primeira (*un chasseur... le chasseur* – um caçador... o caçador). Neste caso, não há nenhuma dificuldade: a unidade lexical sendo a mesma, nenhuma propriedade nova sendo exigida do segmento designado, a relação de correferência se estabelece sem que nenhuma informação não-lingüística seja requerida. É isso, por outro lado, que traz o problema: tem-se a sucessão *un N1... le N2* – um N1... o N2 -, com N1 e N2 lexicalmente diferentes, referencialmente autônomas e correferenciais (do ponto de vista da referência real).

Com efeito, para que uma unidade autônoma seja correferencial de uma unidade autônoma diferente, é necessário, como já vimos, que uma informação garanta que o segmento da realidade designado tenha as propriedades exigidas por uma e por outra. Mas isto supõe, evidentemente, que o segmento seja identificado por uma outra via que não a do próprio enunciado e isto desde a sua primeira menção: ou melhor, é impossível que seja introduzido como não-identificado, e isso não se tem em (2), com correferência[17]:

(3) *un chasseur est arrivé hier: l'Allemand a manqué tous ses tirs.

(3) *um caçador chegou ontem; o alemão errou todos os seus tiros.

Assim, é (3) que poderia ilustrar a anáfora pressuposicional: *l'Allemand* – o alemão – repete *un chasseur* – um caçador – sob a pressuposição de que o mesmo indivíduo é designado nos dois casos. Mas as condições de possibilidade da pressuposição são incompatíveis com as condições de possibilidade do indefinido em primeira posição.

Quanto à sucessão de duas designações definidas do mesmo segmento, ela deve sempre ser interpretada como um paralelismo de referências, e não como uma relação de anáfora em sentido estrito. Existe uma prova disso: se a segunda unidade não pode ser interpretada como identificável por si mesma, a sucessão é ruim. Assim, se em (2) se substitui *l'époux de Jeanne* – o marido – por *l'Allemand* – o alemão – ou por *le chasseur* – o caçador –, que só podem ser identificados pelo contexto, obtém-se o incorreto:

(4) *ton frère est arrivé hier; le chasseur a manqué tous ses tirs
(4) *teu irmão chegou ontem; o caçador errou todos os seus tiros

Do mesmo modo:

(5) *ce chasseur est arrivé hier; l'Allemand a manqué tous ses tirs
(5) *esse caçador chegou ontem; o alemão errou todos os seus tiros.

Estes dados não podem se explicar somente pelas noções que foram aqui desenvolvidas. É necessário acrescentar-lhes isto: *le* – o – não somente é o índice de identificação de um segmento da realidade, mas supõe que este segmento se opõe, enquanto identificável, a outros segmentos. Portanto (4) e (5) não satisfazem a esta condição: *le chasseur* – o caçador – e *l'Allemand* – o alemão – só podem ser identificados pelo contexto, mas este último não contém nada com que determinar um limite de oposição[18].

Sem entrar em detalhes, notar-se-á que tudo deve estar correto se o primeiro termo (definido ou indefinido) estiver no plural; a oposição é, então, determinável; de onde:

(6) (a) tes frères sont arrivés hier; le chasseur avait manqué tous ses tirs
(b) des chasseurs sont arrivés hier; l'Allemand avait manqué tous ses tirs
(6) (a) teus irmãos chegaram ontem; o caçador tinha errado todos os seus tiros.
(b) caçadores chegaram ontem; o alemão tinha errado todos os seus tiros.

Se quisermos, podemos falar aqui de anáfora, mas deve estar claro que a noção não será tomada a rigor. Com efeito, o caráter definido de *le chasseur, l'Allemand* não é tirado apenas da menção do N'' anterior, mas de uma informação externa implícita. De fato, é necessário restituir uma etapa intermediária em que será introduzido, sob forma não-identificável, o referente destes dois N": é esta primeira introdução que será, se ela estiver explicitada sob a forma de N", o verdadeiro anaforizado. Não há, na realidade, nenhuma relação de anáfora específica entre *tes frères* – teus irmãos – e *le chasseur, des chasseurs* e *l'Allemand* – o caçador, os caçadores e o alemão: a pressuposição permite simplesmente reconhecer que o referente de um N'' está incluído dentro do referente do outro. Ela não permite somente identificar esse referente.

6. Em síntese, ainda que se considerem as combinações indefinido/definido ou definido/definido, não existe, e não pode existir, anáfora pressuposicional entre duas unidades autônomas. Em compensação, estas podem pertencer a uma relação de anáfora contextual.

Lembramos que esta recebe uma definição restritiva em que importa que a retomada sozinha assegure o caráter definido do anaforizante. Neste sentido, não há anáfora nos exemplos seguintes:

(7) (a) un chasseur est arrivé hier; cet Allemand a manqué tous ses tirs
(b) ce chasseur est arrivé hier; cet Allemand a manqué tous ses tirs
(c) ton frère est arrivé hier; ce chasseur a manqué tous ses tirs

(7) (a) um caçador chegou ontem; esse alemão errou todos os seus tiros
(b) esse caçador chegou ontem; esse alemão errou todos os seus tiros
(c) teu irmão chegou ontem; esse caçador errou todos os seus tiros

Notar-se-á que estes exemplos, perfeitamente corretos, são obtidos a partir dos exemplos (3), (5) e (6), pela simples substituição do dêitico pelo artigo definido. Os grupos em *ce* – esse – servem, então, para distinguir-se dos grupos em *le* – o –, quando se trata de unidades autônomas. De modo geral, os grupos em *ce* são perfeitamente interpretáveis como correferenciais, mesmo se contêm unidades autônomas, sem informação extralingüística suplementar:

(8) (a) ton frère m'a parlé; ce professeur agrégé est un ignorant
(b) un voisin nous a invités, ce P.D.G n'a pas fait beaucoup d'efforts
(c) j'ai discuté avec Chomsky; ce linguiste soutien que P
(d) j'ai discuté avec un Américain; ce linguiste soutenait que P

(8) (a) teu irmão me falou; esse professor concursado é um ignorante.
(b) um vizinho nos convidou, esse P. D. G. não fez muitos esforços
(c) eu discuti com Chomsky; esse lingüista defende que P

(d) eu discuti com um americano; esse lingüista defendia que P

Essas frases são compreensíveis, mesmo para alguém que ignorasse a correferência em causa; com efeito, a informação será fornecida pelo próprio enunciado que, nesse sentido, contém tudo que é preciso para a sua interpretação. É que não há aqui pressuposição, mas posição: o dêitico *ce* – esse –, enquanto tal, está ligado a uma operação do sujeito da enunciação, que, do mesmo jeito que em outro lugar mostra um objeto, aqui "correfere" um grupo nominal. Compreende-se, então, que qualquer unidade nominal, autônoma ou não, pode estar em relação com uma unidade nominal mencionada, definida ou não[19].

Na medida em que não há pressuposição de identidade, não há, então, anáfora pressuposicional; mas também não há mais anáfora contextual: com efeito, o que confere ao segundo N" o caráter definido não é a pura e simples repetição, mas o próprio dêitico. Em outras palavras, os exemplos (8) ilustram uma vez mais um caso de correferência, sem anáfora.

7. Fora o caso geral, em que a mesma unidade lexical é retomada, a anáfora contextual entre unidades autônomas aparece nos exemplos seguintes:

(9) (a) un boeuf paissait; le quadrupède...
(b) on vient d'envoyer un satellite dans l'espace; l'engin...
(c) ils ont engagé une secrétaire; la jeune fille...
(9) (a) um boi pastava; o quadrúpede...
(b) acabamos de enviar um satélite para o espaço; o engenho...
(c) eles contrataram uma secretária; a jovem...

É claro que essas frases são interpretáveis sem informação suplementar como implicando correferência. Além do mais, o definido na segunda unidade só se explica pela presença da unidade indefinida anterior, incluída em um contexto identificante. Enfim, as duas unidades em causa são referencialmente autônomas. Reconhecemos, então, a sucessão *un N1... le N2* - um N1... o N2 -, com N1 e N2 lexicalmente diferentes, correferenciais e autônomos, sucessão excluída em princípio.

Observamos, imediatamente, que a sucessão não pode ser invertida:

(10) (a) un quadrupède paissait; le boeuf...
(b) un engin vient d'être envoyé dans l'espace; le satellite...
(c) ils ont engagé une jeune fille; la secrétaire...
(10) (a) um quadrúpede pastava; o boi...
(b) um engenho acaba de ser enviado para o espaço; o satélite...
(c) eles contrataram uma jovem; a secretária...

Tudo se relaciona, então, à natureza lexical das unidades, que, por sua vez, deve permitir a anáfora e impor-lhe uma ordem. Esta natureza não é muito difícil de precisar: em cada exemplo, o segundo termo funciona como inclusivo em relação ao primeiro.

Isto se exprime facilmente em termos de referência virtual. Uma unidade nominal é inclusiva em relação a outra se a referência virtual da primeira inclui a da segunda; em outras palavras, um segmento da realidade que satisfaz às condições para ser referência real da segunda satisfaz sempre e ao mesmo tempo às condições para ser referência real da primeira.

Disto segue, evidentemente, a possibilidade da anáfora: a presença do artigo definido na unidade inclusiva implica que ela retoma uma outra unidade, e que ela lhe seja correferencial. Mas a correferência não exige, para ser conhecida, nem posição nem pressuposição: o termo inclusivo pode sempre ser correferencial com o outro, pela relação de suas referências virtuais. O inverso evidentemente não é verdadeiro: para que um segmento da realidade seja designado como *satellite* – satélite –, são necessárias condições suplementares, acrescentando-se àquilo que é necessário para que ele seja designado como *engin* – engenho – etc. Encontramos, então, o caso de exemplos comuns: anáfora pressuposicional impossível ou anáfora por posição graças a *ce-* esse.

Os exemplos (9a) e (9b) não requerem explicações suplementares; mas (9c) é um pouco mais complicado: para que *jeune fille* – jovem – esteja conforme à descrição que demos do termo inclusivo, é necessário admitir que a referência virtual de *secrétaire* – secretária – contém as propriedades relacionadas a *jeune fille* – jovem. Se deixarmos de lado o predicado *jeune*, que talvez se justifique pelos dados sociológicos[20], o fato de que *fille* seja inclusivo está evidentemente ligado à escolha que fizemos do feminino para *secrétaire*: somente nesta condição, a relação anafórica é possível. Assim se explica que o plural constitua um bloqueio: em *les secrétaires* – as secretárias –, feminino e masculino são confundidos; desde então, é necessária uma informação suplementar para que se saiba se as mulheres são designadas: encontramos, então, a anáfora pressuposicional impossível. Isto não é verdade para outros exemplos, de onde o paradigma:

(11) (a) des bouefs paissaient; les quadrupèdes...
(b) on vient d'envoyer des satellites dans 'espace; les engins...
(c) *ils ont engagé des secrétaires; les jeunes filles...
(11) (a) bois pastavam; os quadrúpedes...
(b) acabamos de enviar satélites para o espaço; os engenhos...
(c) *eles contrataram secretárias; as jovens...

Tudo se torna correto, incluindo nisso (c), se *les* – as – é substituído por *ces* – essas.

É claro que em um nome como *secrétaire* – secretária – o gênero lexical depende da referência virtual, porque supõe uma sexualidade do indivíduo designado. Os dados confirmam então a análise proposta: a anáfora, em todos estes casos, repousa sobre a referência virtual.

Portanto, a referência virtual de uma unidade está relacionada a ela como uma propriedade lexical; contrariamente ao que se diz freqüentemente, o fato de que tal nome tenha, fora de emprego, tal sentido não advém da experiência, mas da competência lingüística. O fato de que tais nomes possam, então, anaforizar outros depende apenas do conhecimento da língua e não de uma situação extralingüística. Poder-se-ia falar aqui de *anáfora lexical*.

8. Nos exemplos estudados até agora, o anaforizante tem uma referência real que é a mesma do anaforizado. Esta é sem dúvida a situação mais geral, mas não é a única possível. Pode acontecer também que as referências reais sejam distintas. Assim, em:

(12) (a) on m'a présenté une jeune fille à marier, mais la mère était impossible
(b) un couple m'a rendu visite hier; le mari était insupportable
(c) après avoir acheté un fauteuil, j'ai constaté que le dossier était abîmé
(d) j'ai trouvé un gant par terre, mais non pas la paire

(12) (a) apresentaram-me uma jovem para casar, mas a mãe era impossível.
(b) um casal me visitou ontem; o marido era insuportável.
(c) depois de haver comprado uma poltrona, constatei que o encosto estava estragado.
(d) eu encontrei uma luva no chão, mas não o par.

É muito provável que aqui o caráter definido do segundo N" depende unicamente da relação que ele mantém com o primeiro N" indefinido. Isto é, a referência do segundo N" pode ser considerada como identificada na medida exata em que a referência, em si mesma não-identificada, do primeiro N" é alcançada dentro de um enunciado identificante. O caráter essencial da anáfora contextual, então, se verifica.

Desta vez ainda, tudo depende da referência virtual: em todos os casos citados, o segundo N" tem por elemento central um nome relacional; quer dizer, uma unidade lexical cuja referência virtual implica uma relação. Tal unidade exige, dentre outras condições, que todo referente possível de N" para o qual ela é o elemento central seja um termo de uma relação: em (12 a) e (12b), trata-se de uma relação de parentesco; em (12c), trata-se de uma relação de parte-todo, e, em (12d), de todo-parte, e outras variedades são imagináveis. Nestas condições, desde que o N" anaforizado tenha por referente real um termo suscetível de formar o outro termo da relação exigida, a diferença das referências reais pouco importa: a base de identidade necessária a toda anáfora é suficientemente assegurada pelo fato de que o anaforizado e o anaforizante designam os dois termos da mesma relação.

Aqui ainda pode-se ver que uma ordem deve ser respeitada. No caso em que o anaforizado não é, ele próprio, relacional, é impossível reverter a sucessão:

(13) *on m'a présenté une mère, mais la jeune fille était impossible
(13) *apresentaram-me uma mãe, mas a filha era impossível.

Ao contrário, se a anáfora é, em si mesma, relacional, as dificuldades se dissipam naturalmente:

(14) l'ébéniste avait un dossier à reparer, mais il constata que le fauteuil n'en valait pas la peine
(14) o marceneiro tinha um encosto para consertar, mas ele constatou que a poltrona não valia a pena.

9. Na medida em que a anáfora nominal concerne essencialmente à identificação de uma referência real, não parece concebível que ela possa ser reconhecida em uma situação onde o anaforizante nominal seja provavelmente desprovido de referência real. Tal eventualidade seria, ao contrário, imaginável, e

de fato atestada, para a anáfora pronominal. Enquanto esta última conhecia três variantes, não subsistem então mais que duas para a anáfora nominal: correferência real ou não-correferência real do anaforizante e do anaforizado:

- O N" anaforizante tem a mesma referência real que o anaforizado. Como cada um dos dois N" tem sua referência virtual própria, elas podem ser idênticas ou diferentes. Suponhamos que elas sejam idênticas. Sabe-se, por outro lado, que a sinonímia lexical absoluta não existe; portanto a identidade da referência virtual implica a identidade lexical. Temos o caso geral, em que a mesma unidade lexical passa do indefinido ao definido. Suponhamos, agora, que elas sejam diferentes; segue-se que as referências reais são, por hipótese, idênticas. É necessário, então, que o mesmo segmento da realidade possa satisfazer, ao mesmo tempo, a dois conjuntos de condições distintos. Mas, por outro lado, a anáfora pressuposicional é impossível; ela é, de fato, contraditória nos termos. Daí a compatibilidade dos dois conjuntos não poder ser instituída da maneira exterior e contingente: ela deve ser estrutural e necessária. Em outras palavras, é preciso que a definição *a priori*, fora de emprego, do anaforizante seja compatível com a do anaforizado. Relembremos os casos de inclusão descritos em (12).
- O N" anaforizante não tem a mesma referência real que o anaforizado. Para que a relação entre dois N" seja reconhecida como anáfora nominal, é necessário que a referência real do anaforizante seja identificada pela própria relação. Esta relação não pode ser pressuposicional, como se sabe; ela deve, então, ser estritamente contextual. Ou melhor, ela deve depender unicamente de propriedades lingüísticas, quer dizer, da referência virtual. Supondo que esta não seja a mesma para anaforizado e anaforizante, é preciso pelo menos que uma relação necessária *a priori* se estabeleça. É justamente o que se dá com os nomes relacionais.

De fato, é mesmo este o único caso possível. Com efeito, suponhamos que anaforizado e anaforizante tenham a mesma referência virtual, e que não tenham a mesma referência real; uma contradição aparece. Realmente, dada a definição de referência virtual, a identidade absoluta significa que nenhuma propriedade diferencial não é nem nomeada nem mesmo nomeável de modo que, no discurso considerado, separe os referentes do anaforizado e do anaforizante. Estes são, portanto, dois casos particulares cuja distinção é *solo numero*, no sentido leibniziano. É muito provável que então se aplique uma variante dos indiscerníveis: dois casos particulares que nenhuma propriedade nomeável distingue e que não podem manter nenhuma relação no discurso, sob pena de serem confundidos com um só. Ademais, mesmo supondo que uma relação seja determinável, é difícil ver como ela poderia efetuar uma identificação. Em conseqüência, a passagem do não-identificado ao identificado, neste caso, supõe a identidade material ou, antes, a unicidade dos dois particulares: a identidade absoluta das referências virtuais – que implica a identidade absoluta das unidades lexicais – leva aqui à identidade das referências reais. Reciprocamente, não há anáfora nominal entre dois N" não-correferenciais a não ser que não tenham a mesma referência virtual: ou seja, que sejam lexicalmente distintos.

10. Evidentemente, nem tudo é assim explicado: assim, o problema das anáforas nulas, ou dos vestígios, não foi abordado e nem o problema geral das anáforas ligadas. Isto se justifica na medida em que as condições postas em jogo são muito diferentes: onde a anáfora livre escapa às restrições de opacidade e obedece à disjunção referencial, a anáfora ligada obedece às primeiras e escapa à segunda. Contudo, não é impossível que o estatuto dos vestígios, e das anáforas ligadas em geral, se deixe descrever em termos de referência virtual e real. Deste modo, uma teoria geral da anáfora se revelaria possível.

De outra parte, entre nomes e pronomes, uma diferença essencial permanece sem justificativa. Parece, com efeito, que, no interior de uma árvore, independentemente de toda disjunção referencial, não se pode ter unidades providas de uma referência virtual própria que estejam, além disso, em relação de correferência real; não temos (15 a) em face de (15b):

(15) (a) * Jean dit que Jean viendra demain
(b) Jean dit qu'il viendra demain
(15) (a) *Jean diz que Jean virá amanhã.
(b) Jean diz que ele virá amanhã.

Tal dado não segue os princípios que propusemos. Isto significa somente que a simples análise da noção de referência não é suficiente para tratar todos os dados da correferência. Mas isso não é o essencial de nosso objeto: antes das relações de correferência permitidas ou impossíveis, deve-se classificar os tipos de anáfora livre. Sobre este ponto, as combinações que construímos formam um conjunto fechado que permite uma exaustão do campo.

Correferências e anáforas

Se considerarmos, de maneira geral, as unidades dotadas de referência real, elas são de dois tipos: de um lado, os grupos nominais constituídos de unidades lexicais; de outro, os pronomes. Os primeiros, pelo simples fato de conterem unidades lexicais particulares, têm uma referência virtual própria, composta, podendo ser seguida de modos diversos, das referências virtuais de cada unidade lexical particular. Os segundos, pondo de lado os pronomes de diálogo, ligados à enunciação, não têm referência virtual própria. Eles são, todavia, dotados de uma referência real: a única dificuldade é que, por si mesmo, eles não permitem determinar a que condições deve responder um segmento da realidade para constituir essa referência real. Daí a necessidade de um elemento dotado de referência virtual própria, ou seja, lexicalmente especificada, vir a conferir-lhe a referência virtual ausente, pelas vias da correferência virtual. É a anáfora pronominal.

Ela concerne, em primeiro lugar, à referência virtual e não à referência real. Podemos considerar que um pronome anafórico é, em si mesmo, plenamente referencial, mas esta propriedade fica sem aplicação na medida em que as condições impostas ao referente não são determinadas. Dito de outro modo, em:

(1) il est venu
(1) ele veio.

il – ele – tem uma referência real, mas ela é indeterminável, carece de referência virtual. Segue-se, por outro lado, que é justamente a ausência de referência virtual própria do pronome que permite a correferência virtual: parece, então, que a mesma razão que torna possível o estatuto anafórico do pronome o torna também necessário. Compreendemos, pois, que um pronome não pode exercer um papel de antecedente em uma anáfora: não tendo referência virtual, ele não pode determinar nada. Reciprocamente, somente uma unidade lexical especificada pode exercer tal papel.

Subsistem, todavia, dois pontos obscuros: de um lado, a anáfora pronominal não é o único tipo de anáfora, porque a noção recobre igualmente a relação entre dois grupos nominais especificados, um indefinido, outro definido. De outro lado, se bem que aparentemente, somente a correferência virtual seja crucial na anáfora pronominal, é claro que, na maioria dos casos, ela conduz igualmente à correferência real. Convém estabelecer que relações mantêm os dois tipos de correferência e os dois tipos de anáfora.

2. Confundem-se freqüentemente as duas noções de correferência e de anáfora[21]. Todavia elas são distintas. Há correferência entre duas unidades referenciais A e B quando elas têm a mesma referência – o que pode acontecer sem que

a interpretação de uma seja afetada pela interpretação da outra. Os dois termos relacionados podem ser homogêneos ou não quanto a sua natureza categorial: N"/ N" ou P/ P, ou os pares heterogêneos N"/ P. A relação é manifestamente simétrica e transitiva; não seria descabido considerá-la como reflexiva: uma unidade referencial pode ser dita correferencial dela mesma.

Em oposição, a relação de anáfora é uma relação assimétrica, que existe entre um primeiro termo anaforizado e um segundo termo anaforizante. Podemos fazer uma distinção entre anáfora pronominal e anáfora nominal. No primeiro caso, o anaforizado é um N" e o anaforizante, um pronome de terceira pessoa. O par anafórico é aí claramente heterogêneo, do ponto de vista categorial. O pivô da relação é que o pronome, desprovido, por natureza, de referência virtual, recebe uma referência do anaforizado. Basta, então, que este último seja provido de uma referência virtual; o fato de que ele seja definido ou indefinido é sem importância. No segundo caso, anaforizado e anaforizante são todos dois N": há homogeneidade categorial; em contraste, a diferença do indefinido para o definido é crucial: o pivô da relação é, com efeito, que o referente do anaforizante seja tomado como identificado somente pela relação que mantém com o referente do anaforizado.

De um ponto de vista geral, a relação de anáfora é não-transitiva. Para a anáfora pronominal, a transitividade não faz o menor sentido. Realmente, consideremos uma série abstrata tal como:

(2) un livre... il... il... le...
(2) um livro...ele...ele...o...

É claro que cada pronome *il* – ele - ou *le* – o - retoma *un livre* – um livro. Não é verdade que *le*, por exemplo, retoma o pronome *il* imediatamente precedente. Mas, de fato, se ele não tem transitividade, é porque é próprio de um pronome poder ser somente anaforizante e jamais anaforizado. Na verdade, a melhor definição é:

(3) Um pronome anafórico não pode funcionar como o primeiro termo de uma relação de anáfora.

Consideremos, agora, a anáfora nominal, em uma série abstrata:

(4) un livre... le livre... le livre...
(4) um livro...o livro...o livro...

Aqui ainda, está evidente que a segunda ocorrência de *le livre* – o livro – não anaforiza a primeira. Ela só se justifica pela retomada do indefinido: não há, com efeito, nenhuma relação entre as duas ocorrências de *le livre*, a não ser a correferência real.

A anáfora pronominal e a anáfora nominal podem, enfim, ser combinadas em séries mistas, tais como:

(5) un livre... il... le livre...
(5) um livro...ele...o livro

(6) un livre... le livre... il
(6) um livro...o livro...ele

Na primeira série, *il*, dentre outras coisas, por causa de sua própria definição, não pode ser anaforizado por *le livre*. Há duas relações de anáfora, e, em cada uma, é *un livre* que é o primeiro termo: a transitividade é impossível. Na segunda série, (3) não tem lugar de se aplicar a *le livre*, de maneira que *le livre* pode ser considerado como anaforizado por *il*. Portanto, desta vez ainda, parece que a relação de anáfora é intransitiva – e isto independentemente do princípio de manter-se representado por (3). Com efeito, das duas proposições "*le livre* – o livro – anaforiza *un livre* – um livro -

e *il* – ele – anaforiza *le livre* o livro", podemos concluir que *il* anaforiza *un livre.*

3. Se considerarmos, agora, a reflexividade, parece sem sentido sustentar que um termo seja anaforizante ou anaforizado de si mesmo. Mesmo que se trate, então, de simetria, de transitividade, de reflexividade ou de homogeneidade, anáfora e correferência são duas relações que se opõem. Concebemos, assim, que elas possam subsistir separadamente. Assim é o caso em que a correferência existe sem que tenha havido anáfora. Um exemplo claro é o dos pronomes de primeira e segunda pessoa:

(7) je me regarde dans la glace
(7) eu me olho no espelho.

Aqui, *me* não é anaforizante de *je*. Cada pronome recebe uma referência de maneira independente, e se acha que seja a mesma. A mesma observação poderia ser feita para todos os pares constituídos pelos termos cuja referência real é identificada independentemente: assim, *le soleil/ le soleil* – o sol/ o sol , mas também *Napoléon/Empereur* – Napoleão/ Imperador etc.

Mas, inversamente, na mesma medida em que as duas relações são inteiramente distintas, elas podem também se combinar e, de fato, parece que a anáfora se acompanha sempre de alguma correferência. Sem dúvida, o caso da anáfora nominal é complexo quando o examinamos em detalhes; pelo menos, no caso mais simples, é crucial, para que o referente do anaforizante seja tomado como identificado, que tenha sido, ele próprio, introduzido como referente do anaforizante. A correferência real é, então, usual. Para a anáfora pronominal, sabe-se que há sempre pelo menos correferência virtual, porque é o único meio pelo qual o pronome anaforizante é, afinal de contas, interpretado plenamente.

Deste ponto de vista, o comportamento de *en* no exemplo:

(8) j'ai vu dix lions, et, toi, tu en as vu quinze
(8) eu vi dez leões, e, tu, tu viste quinze (leões).

é muito natural. Ocorre o mesmo com outros exemplos que temos citado freqüentemente nas discussões que tocam à pronominalização. Em:

(9) (a) certains éléphants vivent jusqu'à 90 ans, mais, en général, ils vivent moins longtemps
(b) on a collé plus d'étudiants qu'ils ne l'espéraient
(c) on a rasé la chevelure de Samson, mais elle a repoussé

(9) (a) certos elefantes vivem até os 90 anos, mas, em geral, eles vivem menos tempo
(b) nós reprovamos mais estudantes do que eles esperavam
(c) nós raspamos a cabeleira de Sansão, mas ela cresceu novamente

o pronome anaforizante, diferentemente do que ocorre em (8), retoma um grupo nominal inteiro. Contudo, não há correferência real: em (9 a), a disjunção é essencial, porque se trata de opor dois grupos. Em (9b), é perfeitamente possível que o conjunto dos que esperavam não esteja em correspondência biunívoca com o conjunto dos estudantes reprovados: pode haver interseção ou inclusão, mas não identidade. Em (9c), toda a questão é que o referente do anaforizante é inteiramente distinto do referente do anaforizado[22].

Esses exemplos levantam grandes dificuldades dentro das teorias usuais, onde a pronominalização tem por condição necessária a identidade material dos referentes, quer dizer, a correferência real. Mas, na presente abordagem, tudo é normal: o anaforizante tem a sua própria referência real; a questão é que ele tira sua referência virtual do anaforizado. Isto é, em (9a), o pronome designa os elefantes; em (b), os estudantes; em (9c), uma cabeleira.

4. Todavia, convém sublinhar que se trata aí de uma situação marcada. É preciso, para ela seja possível, que certos sinais explícitos sejam dados no contexto. Assim, em (9 a), a disjunção é induzida pelo uso dos termos quantificadores contrastados *certains* – certos – e *en général* – em geral. Se eles fossem suprimidos, (9 a) se tornaria contraditório:

(10) certains éléphants vivent jusqu'à 90 ans, mais ils vivent moins longtemps
(10) certos elefantes vivem até os 90 anos, mas eles vivem menos tempo.

Da mesma maneira, em (9b), o contexto comparativo obriga a interpretar *ils* – eles – sem correferência real.

Aqui também, a eliminação da estrutura comparativa restabeleceria uma correferência real. Em (9c), os predicados verbais denotam explicitamente a mudança de estado; bastaria modificar o segundo para que a identidade material do referente reaparecesse:

(11) on a rasé la chevelure de Samson, et on l'a brûlée
(11) nós raspamos a cabeleira de Sansão, e nós a queimamos.

Um enunciado geral se propõe então: para que um pronome anaforizante seja distinto de seu anaforizado do ponto de vista de sua referência real, é preciso que o contexto o obrigue explicitamente. Inversamente, se o contexto é neutro, a correferência real o designa. Estabeleceremos, desde já, o princípio:

(12) Entre um anaforizado e o pronome anaforizante, a correferência real é máxima, levando em consideração as restrições explícitas que o contexto pode trazer.

5. Se o traço distintivo da anáfora pronominal é que o anaforizante seja desprovido de referência virtual própria, tudo

é manifestamente diferente na anáfora nominal: por definição, o anaforizante dela é uma unidade lexicalmente especificada e, deste fato, ele detém uma referência virtual por si mesma. Daí seguem-se mais conseqüências: é impossível que a anáfora nominal tenha por efeito atribuir uma referência virtual a um termo que já possua uma referência virtual. Mais geralmente ainda, é impossível que seu objeto sejam as referências virtuais em si mesmas. Então, na medida em que a anáfora nominal concerne às referências, só pode se tratar de referências reais. O caso é que, como se sabe: a anáfora nominal consiste em conferir ao segmento designado pelo anaforizante um caráter identificado; sendo que a propriedade identificante decisiva é a introdução precedente do segmento da realidade designado pelo anaforizado[23].

Portanto, a identificação, por natureza, supõe que seu objeto seja um ser identificável, quer dizer, um particular. Isto vale evidentemente para o anaforizado e para o anaforizante. Segue-se disso, dentre outras coisas, que a anáfora nominal é impossível quando o anaforizado não é uma entidade particular, mas um genérico ou um termo quantificado[24]:

(13) (a) un cheval est un mammifère... le cheval se laisse domestiquer
(b) tout homme est mortel... l'homme rêve d'immortalité

(13) (a) um cavalo é um mamífero...o cavalo se deixa domesticar.
(b) todo homem é mortal...o homem sonha com a imortalidade.

Mesmo nos contextos em que a anáfora nominal seria possível, só se pode considerar aqui que *l'homme* – o homem – seja um anaforizante: não há nenhuma identificação do referente pela aparente repetição da mesma unidade lexical. Além do mais, a noção de entidade particular não tem nenhum estatuto do ponto de vista da referência virtual: ela só pode se aplicar se a referência for tornada real. Dizer que o anaforizado e o anaforizante devem ser entidades particulares é exigir que sejam dotados de referência real.

6. Em todos esses pontos, a anáfora pronominal tem propriedades contrárias. Na mesma medida em que o anaforizante é, por definição, desprovido de referência virtual, ela tem por efeito fundamental atribuir-lhe uma. Ela não tem, ao contrário, que conferir à referência real do anaforizante um caráter identificado: isso pode ser uma conseqüência secundária da retomada, não sendo a condição definidora. Portanto, o essencial da anáfora pronominal não se relaciona à referência real dos termos ligados, estes podendo ser não dotados de um e de outro, como em (8). Não estando em causa a passagem do não-identificado ao identificado, não é necessário que o referente do anaforizado, a supor que haja referência real, seja não-identificado; o N" anaforizado pode ser definido ou indefinido, indiferentemente. Ao mesmo tempo, não é necessário que o referente do anaforizado seja identificável. Ele não tem que ser, então, uma entidade particular: pode-se tratar de um genérico ou de uma variável quantificada. De onde, por oposição a (13):

(14) (a) un cheval est un mammifère, et il se laisse domestiquer
(b) tout homme est mortel, et il rêve d'immortalité
(14) (a) um cavalo é um mamífero, e ele se deixa domesticar.
(b) todo homem é mortal, e ele sonha com a imortalidade.

Em (13), não havia anáfora nominal; em (14), para contextos idênticos, há anáfora pronominal.

Há, enfim, um ponto essencial de diferença que convém sublinhar expressamente, já que ele é freqüentemente negligenciado. Se a anáfora pronominal, para efeito de definição, deve fornecer uma referência virtual, os meios desta doação são, como sabemos, a correferência. Isto significa que a correferência é crucial na anáfora pronominal na medida exata em que ela cumpre o que está essencialmente em causa: a aquisição por um pronome da referência virtual que lhe faz falta por princípio. De fato, somente a identidade pode operar o efeito decisivo: sem ser diretamente a condição necessária da anáfora pronominal, ela é a condição *sine qua non* daquilo que a anáfora pronominal, por definição, realiza. Ademais, já vimos, a correferência virtual é acompanhada, na maioria dos casos, da correferência real.

Mas, já que a anáfora nominal não tem o mesmo tipo de efeito, não há nenhuma razão *a priori* para que a correferência exerça o mesmo papel. Mais precisamente, tanto podemos ver por que a correferência virtual é exigida para realizar uma doação de referência virtual, quanto podemos não ver em que a identificação de um segmento da realidade X, por relação a um outro segmento Y, poderia servir-se dos únicos meios de identidade material de X a Y. Segue-se, então, a partir das propriedades definidoras da anáfora nominal, que ela não deveria exigir, ao contrário da anáfora pronominal, correferência nem virtual nem mesmo real.

Portanto, este é bem o caso; bastará citar, sem analisar em detalhes, exemplos como:

(15) (a) un boeuf paissait; le quadrupède...
(b) un couple m'a rendu visite hier; le mari était insupportable
(15) (a) um boi pastava; o quadrúpede...
(b) um casal me visitou ontem; o marido era insuportável.

O caráter definido do segundo nome, o caráter identificado de sua referência real só depende da introdução anterior do primeiro nome. Há anáfora nominal, mas não correferência virtual em (15 a), nem correferência real em (15b). Sem dúvida, as condições particulares são requeridas aqui, mas a possibilidade única de tais exemplos é esclarecedora.

7. É possível resumir num quadro as propriedades contrastadas dos dois tipos de anáfora:

Anáfora pronominal	Anáfora nominal
• o anaforizante é não-autônomo e sem referência virtual própria	• o anaforizante é autônomo e com referência virtual própria
• o efeito é de fornecer uma referência virtual ao anaforizante, e não de identificar o referente real	• o efeito é de identificar o referente real do anaforizante, e não de fornecer referência virtual
• o anaforizante não tem, necessariamente, uma referência real	• o anaforizante tem, necessariamente, referência real
• o anaforizado não tem, necessariamente, referência real; basta ter referência virtual	• o anaforizado tem, necessariamente, uma referência real
• a referência real do anaforizado pode ser identificada ou não, identificável ou não. O anaforizado pode então ser definido ou indefinido, especificado ou genérico	• a referência real do anaforizado deve ser não-identificável: o anaforizado deve ser indefinido. A referência real do anaforizado deve ser identificável: ela deve então ser particular e não pode ser nem genérica nem quantificada
• a relação de anáfora tem por condição necessária e suficiente a correferência virtual	• a correferência - virtual ou real - não é nem necessária nem suficiente

8. Nada do que foi descrito anteriormente reconhece na anáfora o poder de modificar o caráter genérico ou particular do anaforizado. Não há aqui nada de surpreendente: vemos com dificuldade como o simples fato da retomada poderia conferir particularidade a um referente que será introduzido, uma primeira vez, como genérico ou variável. Este ponto é geralmente desconhecido; é que confundimos duas operações: uma que

consiste em conferir particularidade a um referente mencionado como não-particularizado, e outra que consiste em conferir um caráter identificado a um referente. A segunda operação é possível, na medida em que a retomada é um processo reconhecido de identificação. A primeira é impossível, porque, inversamente, a retomada não é em si mesma um processo de particularização.

Chegamos, assim, ao princípio seguinte:

(16) O anaforizante – nominal ou pronominal – tem exatamente o mesmo grau de particularidade que o anaforizado.

Para a anáfora nominal, a conseqüência é trivial: uma vez que o anaforizado é necessariamente uma entidade particular, o anaforizante também o é. Para a anáfora pronominal, a situação é mais complexa, porque o anaforizado pode não ser um particular. A conseqüência de (16) é, então, sob esta hipótese, que o anaforizante deve estar inserido num contexto que não lhe impõe uma interpretação particularizada. Assim se explica um contraste conhecido:

(17) (a) J'ai besoin d'une secrétaire. Elle devrait savoir l'anglais.
(b) J'ai besoin d'une secrétaire. Elle sait l'anglais.
(17) (a) Eu preciso de uma secretária. Ela deverá saber inglês.
(b) Eu preciso de uma secretária. Ela sabe inglês.

A própria locução verbal *avoir besoin de* – ter necessidade de – deve impor a seu complemento uma interpretação não-particularizada. Só uma entidade particular pode anaforizar uma entidade particular. Qualquer que seja a natureza exata deste dado, ele conduz, em conformidade com (16), ao fato de que todo pronome que anaforiza o complemento deve respeitar o caráter deste último. Tal é o caso em (17a), em que o modal *devoir* no condicional permite que seu sujeito tenha um referente variável. Mas, em (17b), ao contrário, o verbo não-modal no indicativo impõe a seu sujeito uma interpretação particularizada. Deste modo, a anáfora é impossível.

Lembramos assim que, quando os quantificadores estão em jogo, as propriedades lógicas dependem da referência virtual. Assim, o pronome sendo possível, ele deve, normalmente, conservar as propriedades da referência virtual do anaforizado: na ocorrência, as propriedades de percurso. Deste modo, em (14), o anaforizante *il* – ele – é quantificado de uma maneira exatamente paralela ao anaforizado. Como, de outro modo, o princípio (12) é válido, a correferência real é máxima: em (14), isto significa que ela é total. Assim, para cada valor que o anaforizado assumir, o anaforizante assumirá o mesmo.

Seria, evidentemente, impossível anaforizar em (14) se o anaforizante se achasse em um contexto em que a interpretação quantificante se revelasse impossível. Não se tem portanto:

(18) un cheval est un mammifère et je l'ai acheté hier
(18) um cavalo é um mamífero e eu o comprei ontem.

Por esse prisma, os exemplos de quantificação negativa são esclarecedores. Assim, em (19):

(19) aucun homme ne mérite d'être condamné parce qu'il a parlé sincèrement
(19) nenhum homem merece ser condenado por ter sido sincero.

A anáfora é possível: o anaforizante está no domínio lógico de *aucun* – nenhum; ele tem as mesmas propriedades de percurso do anaforizado. Ao mesmo tempo, o fato de que o predicado verbal esteja num tempo passado é sem importância: ele não pode afetar a quantificação induzida por *aucun*[25].

Em:

(20) aucun homme ne doit être condamné à mort, parce qu'alors il cesse du même coup d'être traité en homme
(20) nenhum homem deve ser condenado à morte, porque assim ele deixa, ao mesmo tempo, de ser tratado como homem.

O anaforizante escapa do alcance da negação. De onde este dado curioso da interpretação: a principal parece negar uma existência, e a subordinada a supõe. Uma tradução de (20) em termos de quantificadores existenciais seria, além disso, muito difícil. Se a anáfora é, todavia, possível, é porque a subordinada é "genérica", no mesmo grau que a principal: têm percurso de valores idênticos. No primeiro caso, de cada valor, enuncia-se uma proposição negativa; no segundo, de cada valor – e é o mesmo – enuncia-se uma proposição positiva.

Se, ao contrário, a subordinada em (20) reclamasse uma interpretação não-genérica, se, por exemplo, o verbo estivesse no passado, então o anafórico seria impossível: *il* – ele, de um lado, não está no domínio lógico de *aucun* – nenhum – e, por outro lado, é tomado em um contexto onde o percurso de valores não pode ser o mesmo. Assim:

(21) aucun homme ne doit être condamné, parce qu'alors il a été traité de manière inhumaine

(21) nenhum homem deve ser condenado, porque assim ele é tratado de uma maneira desumana.

Oporemos (21) a (19).

Então, é falso sustentar, como se faz às vezes (cf., por exemplo, Stockwell, Schachter e Partee, 1973, p. 202), que apenas um N", com referência real específica ou particular, pode ser anaforizado por um pronome. Na realidade, somente a anáfora nominal é reservada aos N" com referência real particular. A anáfora pronominal é possível para todo N": ela deve apenas respeitar (16). Em outras palavras, se o N" não tem uma referência particular, mas implica um percurso, pode-se dar a (16) a seguinte forma mais explícita:

(22) Se a referência virtual do anaforizado é construída como um percurso de valores, o pronome anaforizante deve poder ser interpretado seguindo o mesmo percurso.

Isto decorre da própria definição de anáfora pronominal. E, de resto, o fato de que só um nome particular possa anaforizar um nome particular não é mais surpreendente que o fato recíproco, sobre o qual, todavia, nenhum comentário parece se fazer necessário: somente um particular pode anaforizar um particular.

Segue-se daí, no caso em que o anaforizado é um particular, que o anaforizante deve sê-lo também. É impossível, numa frase comum como:

(23) un poète a écrit ces vers; il a toujours raison
(23) um poeta escreveu esses versos; ele sempre tem razão.

que *il* receba uma interpretação "genérica". Mas vemos, então, que o anaforizado, dotado por hipótese de uma referência real particular, é, além disso, um indefinido. Assim, a anáfora pronominal entra em interseção com a anáfora nominal: como esta última, ela implica a retomada de uma entidade particular não identificada por uma ocorrência idêntica à mesma entidade particular. O efeito é o mesmo: neste caso, e somente neste caso, a anáfora pronominal é um processo de identificação. Sem dúvida, é este o dado que tem, por muito tempo, mascarado a diferença radical entre as duas anáforas e o papel que exercem nisso a correferência e a identificação.

Referências bibliográficas

BALLY (C.), 1944, *Linguistique générale et Linguistique française*, Berne, Francke.

BENVENISTE (A.), 1965, "L'antonyme et le pronom em français moderne", in Benveniste, 1974, 197-214.

BLANCHE-BENVENISTE (C.) et Chervel (A.), 1966, "Recherches sur le syntagme substantif", *Cahiers de lexicologie* (IX), 3-37.

CHOMSKY (N.), 1973, *For Reasons of State*, New-York, Pantheon Books.

_____. 1979, "Pisa Workshop Lectures", miméographié.

DUCROT (O.), 1970, "Les indéfinis et l'énonciation", in Ducrot, *La Preuve et le Dire,* Paris, Mame, 1973, 143-176.

GEACH (P.), 1962, *Reference and Generality,* Ithaca, Cornell University Press.

GROSS (M.), 1973, "On Grammatical Reference", in Kiefer (F.) et Ruwet (N.), éds., *Generative Grammar in Europe,* Dordrecht, Reidel.

HIGGINBITHAM (J.), 1980, "Pronouns and Bound Variables", *Linguistic Inquiry* (11), 679-708.

KARTTUNEN (L.), 1968, "What Do Referential Indices Refer to". Rand Corporation Publication nº P 3854.

KAYNE (R.), 1972, "Subject Invertion in French Interrogatives", in Casagrande (J.) et Saciuk (B.), *Generative Studies in Romance Languages,* Rowley, Newbury House (trad. Fr. *In Le Français moderne,* 1973).

LAKOFF (g.), 1968, "Pronouns and Refernce", reproduit par le Linguistics Club, Université d'Indiana.

MILNER (J.-C.), 1967, "French Truncation Rule", Quarterly Progress Report of the Research Laboratory of Eletronics (86).

_____. 1973, "Phénom`nes syntactics en français", in Milner (J.-C.), *Arguments linguistiques,* Tours, Mame.

_____. 1978*a*, "Cyclicité successive, comparatives et Cross Over en français", *Linguistic Inquiry* (9), 673-693.

_____. 1978*b*, *De la syntaxe à l'interpretation,* Paris, Seuil.

_____. 1978*c*, "Le bonheur par la symétrie", in "Jakobson", *Cahiers du Cister* (5), 53-56.

_____. 1978*d*, "Le système du réfléchi en latin", *Langages* (50), 73-86.

_____. (à paraître): "Cross Over and Disjoint Reference in French" (titra provisoire).

_____. (en préparation): *Théorie genérale de l'anaphore et de la coréférence* (titre provisoire).

STOCKELL (R.), SCHACHETER (P.) et Partee (B.), 1973, *The Major Syntactic Structures of Wnglish,* New York, Holt, Rinehart & Winston.

STRAWSON (P.F.), 1959, *Individuals,* Londres, Methuen (trad. fr. *Les Individus,* Paris, Seuil).

THOM (r.), 1974, *Modèles mathématiques et la Morphogenèse,* Paris, 10/18.

Notas

[1] MILNER, J-C. *Ordres et raisons de la langue.* Paris: Seuil, 1982. p. 9-65. / Tradução de Mônica Magalhães Cavalcante; revisão de Alena Ciulla e Camile Maria Botelho Regadas/.

[2] Pode-se muito bem imaginar que a referência dos verbos seja aquela que R. Thom (1974) tentou representar.

[3] Não parece insensato aproximar a referência real da *Bedeutung* – referência – e a referência virtual do *Sinn* – sentido –, no sentido de Frege. Mas onde a terminologia de Frege opõe duas entidades radicalmente distintas e estranhas uma à outra, os termos *virtual* e *real* implicam uma relação sistemática. Bally (1944) usava de uma terminologia análoga, mas sua doutrina era sensivelmente diferente: o que, segundo este autor, é real ou virtual é um *conceito.* O conceito virtual pode, é verdade, aproximar-se do que é chamado aqui de referência virtual: assim, segundo Bally, a palavra *fleur* – flor – é dotada pela língua de traços diferenciais e puramente negativos, que fornecem um método para reconhecer o que é flor e o que não é. Em oposição, o conceito real não é certamente o que é chamado aqui de referência *real*: quando muito, pode-se sustentar que o conceito real é um conceito *que designa* uma referência real.

[4] Tudo que é suposto em (1) é que *en* retoma uma entidade nominal provida somente de referência virtual; esta pode ser uma unidade lexical Nome (N), mas também uma combinação mais ampla que N (por exemplo N' na terminologia de Chomsky). Os princípios acima permitem explicar a ambigüidade observada por J. R. Vergnaud de um enunciado como: "*j'ai capturé quinze lions hier; j'en ai tué dix aujourd'hui*" – eu capturei quinze leões ontem; eu tinha capturado dez hoje.

[5] Tal como proposto primeiramente por Chomsky, o princípio (4) é um axioma primitivo da teoria gramatical. Mais recentemente, Chomsky tentou mostrar que (4) era a própria conseqüência de axiomas mais fundamentais ainda: cf. Chomsky (1979) e a distinção de Milner (1981). Por outro lado, mesmo se conservássemos (4) como essencial, seria possível limitar seu alcance à correferência estrita. Em outras palavras, não se assegura que a interseção referencial obedeça, em todos os aspectos, às mesmas restrições que a identidade absoluta da referência real. Sobre esta questão, muito ampla para ser abordada aqui, cf. Milner (1981) e Milner (em elaboração).

[6] Esta interpretação é possível, ao contrário, em:

(aa) les Français ont élu l'un d'entre eux pour les gouverner

eux pode aqui retomar *les Français*: (4) não se aplica por causa de A/A se aceitarmos ** as sugestões de Chomsky (1973).

[7] Esta é, de resto, a posição geral de Chomsky (1979), para quem as ex-

pressões quantificadoras escapam a (4). Existe aí uma questão empírica e teórica não-trivial: é necessário, com efeito, estabelecer se a noção de correferência pode ter algum sentido para as expressões quantificadoras. Por outro lado, obtido este ponto teórico, convém estabelecer se, dentro dos fatos, (4) se aplica. Chomsky responde negativamente a esses dois pontos. Higginbotham (1980) e Milner (a sair) respondem positivamente.

8 Está, assim, descartado o que Geach (1962) chama de "doutrina da distribuição". Cf. também Ducrot (1970). A noção de *percurso de valores* foi ** desenvolvida a partir de Frege, por Culioli.

9 É evidente que a identidade material não se reduz à identidade fonológica. Acrescenta-se aí a identidade das propriedades gramaticais e lexicais registradas no dicionário.

10 Obtém-se, assim, uma classificação de três graus:

- os termos dotados de uma referência real e de uma referência virtual própria: são os nomes comuns;
- os termos dotados de uma referência real própria, mas desprovida de referência virtual: são os pronomes;
- os termos desprovidos de referência real própria e de referência virtual: aqui se acharão os elementos nulos e, talvez, as anáforas lexicais no sentido técnico de Chomsky (1979).

Vê-se, então, que essas três classes de elementos devem, logicamente, obedecer a princípios distintos, quando se trata de serem interpretadas referencialmente. É bom que se observe: os nomes comuns não têm antecedente; os pronomes têm um antecedente, mas ele não deve estar no mesmo domínio (no sentido já definido); as anáforas devem ter um antecedente, mas este deve estar no mesmo domínio. Sobre estes pontos, mas numa terminologia sensivelmente diferente, cf. Chomsky (1979).

É necessário acrescentar que a classificação acima admite uma 4ª. combinação: os termos dotados de uma referência virtual própria, mas desprovidos de referência real própria. Talvez seja esta a maneira correta de descrever os nomes de qualidade (ou epítetos), mas será necessário, nesse caso, modificar a apresentação proposta. Sobre isto, cf. Milner (a sair).

11 *Exclusivamente*: isso significa que a repetição por B de A é o único fundamento do traço identificável do referente. Este não deve ser identificável por nenhuma outra via. Segue daí que A, não sendo em si mesmo, por definição, a repetição de um outro termo, como tal, é provido de uma referência não-identificável. A é, então, necessariamente indefinido.

12 O termo *particular* ("*singulier*") é crucial aqui. Assim, os nomes próprios parecem implicar uma circularidade análoga: a condição necessária para que um segmento da realidade seja chamado *Jean*, no enunciado "*Jean est là*" – Jean está ali –, é que este segmento seja chamado *Jean*. Mas toda

a diferença é que o enunciado particular "Jean est là" é sem importância especial; de fato, no momento em que a referência real de *je* pode mudar de enunciado particular para enunciado particular, ela não é a mesma para a referência real de *Jean*. Um nome próprio é, com efeito, referencialmente autônomo: sua referência virtual depende dos enunciados *em geral*, não de um enunciado particular. Cf. Milner (1978:334).

13 Sobretudo se admitirmos as análises de R. Kayne (1972), mas também as de Benveniste (1965).

14 Isso não significa que outras propriedades não sejam eventualmente requeridas, mas que elas se limitam a justificar a qualificação de um segmento como *imbécile* etc., em um enunciado particular; elas não podem, então, ser autonomizadas em relação a este enunciado.

15 O termo não é o melhor possível; em particular, ele não está de acordo com o uso de um lingüista como Ducrot, para quem a pressuposição é de ordem lingüística e não extralingüística. Deve-se entender que o recurso ao termo pressuposição não se compromete com uma teoria geral do conceito.

16 Para os conceitos nos quais isso está implicitamente abrigado, cf. Strawson (1973) e K. Ebert.

17 O grupo *l'époux de Jeanne* – o marido de Jeanne –, sendo identificado por si mesmo, foi substituído por *l'Allemand*, que não o é.

18 A. Culioli desenvolveu, sobre este problema, análises minuciosas e uma terminologia precisa.

19 Com uma unidade não-autônoma do tipo *imbécile* – imbecil –, ter-se-á, então, tanto *cet imbécile* – esse imbecil –, quanto *l'imbécile* – o imbecil – . É necessário integrar a esta descrição o fato, notado por Blanche-Benveniste e Chervel (1966), que, em geral, um termo introduzido por indefinido só pode ser imediatamente retomado por *ce* e não por *le*: *il y a un dictionnaire sur la table. Ce (*le) dictionnaire...* – há um dicionário sobre a mesa. Esse (*o) dicionário... Isto é verdade quanto à retomada imediata, mas se a retomada é mais distante, ou melhor, se entre a primeira ocorrência e a segunda intervêm enunciados que identificam mais o segmento em causa, *le* – o – é melhor do que *ce* – esse. Isso parece indicar que, na retomada imediata, o primeiro enunciado, sob a forma citada, não é suficientemente identificante para tornar desnecessária a correferenciação imposta por *ce*. Como observa A. Culioli, se a primeira ocorrência comporta um limite de oposição, delimitando o segmento por contraste, *le* se torna melhor desde a retomada imediata, e a correferenciação imposta se torna supérflua: *il y a un dictionnaire et un roman sur la table. Le (*ce) dictionnaire...* – há um dicionário e um romance sobre a mesa. O (*esse) dicionário...

20 Entre os adjetivos que modificam *fille*, somente *jeune* é possível neste emprego.

[21] Um dos primeiros autores da tradição transformacional a sublinhar a distinção foi M. Gross (1973).

[22] Cf. Postal (1967), citado por Stockwell e Partee (1973), p. 202.

[23] Sobre estes conceitos, consultar Strawson (1959).

[24] Na realidade, não é o N" anaforizado que é um particular ou um genérico, mas seu referente. Do mesmo modo, é o referente, e não N" que é identificado ou não-identificado: o N", em si mesmo, só pode ser definido ou indefinido. Para simplificar uma terminologia desde já complicada, não se levou em conta sistematicamente esta precisão.

[25] A anáfora pronominal não tem, então, nada que dependa do caráter fictício ou real do antecedente. A negação não funciona aqui excluindo um ser da realidade, mas quantificando-o. As análises de Karttunen (1968) e Lakoff (1968) devem, então, ser rejeitadas.

Definido e demonstrativo nas nomeações[1]

Denis Apothéloz e Catherine Chanet[2]

Introdução

O presente artigo versa sobre o problema da escolha do demonstrativo nas nomeações anafóricas, e, em particular, sobre a distinção entre definido e demonstrativo.

Existe hoje uma série de estudos sobre os respectivos empregos desses determinantes, mas dizem respeito essencialmente aos empregos correferenciais no sentido clássico do termo, bem como aos empregos em situação concreta (Blanche – Benveniste e Chervel, 1966, Ducrot, 1972: cap.8, Hawkins 1977 a/b, Corblin, 1983, Kleiber, 1986, Marandin, 1986). O artigo de Marandin, todavia, constitui uma exceção, mas seu objetivo é menos pôr em dia as diferenças entre o emprego do definido e do demonstrativo do que explorar sistematicamente o funcionamento anafórico dos SNs demonstrativos. Além disso, é necessário notar que os autores desses trabalhos divergem, às vezes, em suas análises; não exatamente, por outro lado, na maneira como eles caracterizam esses dois determinantes (sobre esse ponto, suas conclusões são até mesmo bastante convergentes), mas muito mais nos julgamentos de aceitabilidade que eles fazem sobre o material lingüístico examinado. Infelizmente, esse material é quase sempre constituído de pares de frases breves, construídas *ad hoc* e isoladas de todo contexto, o que torna os julgamentos de aceitabilidade particularmente delicados. Portanto, eles representam o primeiro passo, que consiste principalmente em explorar o teste da comutação, com o objetivo de abstrair as invariantes de sentido.

As observações que seguem podem, então, ser tomadas como uma contribuição para o dossiê da oposição entre definidos e demonstrativos, no caso particular das nomeações[3]. Nosso objetivo aqui é pôr em evidência certos traços que, para as anáforas, são suscetíveis de orientar a escolha em direção a um SN definido ou a um SN demonstrativo. Para isso, nós nos esforçaremos para descrever o mais minuciosamente possível os efeitos de sentido de alguns dos determinantes. Apresentaremos igualmente, aqui e ali, alguns dados quantitativos: nossas observações se apóiam, com efeito, sobre um *corpus* de aproximadamente 250 itens.

Definições: nomeação, substantivo predicador e informações-suporte

Entenderemos como *nomeação* a operação discursiva que consiste em referir-se, por meio de um sintagma nominal, a um processo ou estado que foi anteriormente expresso por uma proposição, como no exemplo seguinte:

(1) La Police cantonale de Schwytz a arrêté un présumé faux-monnayeur. [...] *L'arrestation* a eu lieu en collaboration avec Interpol. (Le Matin, 1.6.1994)

(1) A polícia local de Schwytz prendeu um suposto falsificador de dinheiro. (...) *A prisão* aconteceu em colaboração com a Interpol. (Le Matin 1.6.1994)

(2) Les Serbes de Bosnie ont annoncé hier qu'ils allaient fermer la seule route qui permet, depuis quatre mois, aux civils d'entrer et de sortir de Sarajevo. Selon une porte-parole des Nations Unies, Claire Grimmes, *la fermeture* de la route doit intervenir dès aujourd'hui. (L'Express, 27.7.1994)

(2) Os sérvios da Bósnia anunciaram ontem que eles iriam fechar a única estrada que permite aos civis, há quatro meses, entrar e sair de Sarajevo. Segundo a porta voz das Nações Unidas, Claire Grimes, *o fechamento da estrada* deverá sobrevir a partir de hoje. (L'Express, 27.7.1994)

(3) Le Dictionnaire de l'Academie, est, pour la première fois, publié en édition de poche (de A à z; la deuxième volume étant prévu pour 1996, et la troisième pour 1999). *Cette publication* coincide avec un anniversaire, puisque c'est le 24 août 1694 qu'une delegation de l'Academie française remettait au roi les deux volumes de la première édition de son Dictionnaire. (Le Monde des débats, juin 1994)

(3) O Dicionário da Academia, é, pela primeira vez, publicado em edição de bolso (de A a Z; estando o segundo volume previsto para 1996, e o terceiro, para 1999). *Esta publicação* coincide com um aniversário, porque foi em 24 de agosto de 1694 que uma delegação da Academia francesa remeteu ao rei os dois volumes da primeira edição de seu Dicionário. (Le Monde des débats, junho de 1994)

Resguardemo-nos aqui de confundir o lexema propriamente dito (nos exemplos acima: *prisão, fechamento, publicação* etc.) com seu emprego no discurso, que consiste, por sua vez, em marcar e efetivar uma certa operação. O termo *nominalisation*, infelizmente, é utilizado muitas vezes nas duas acepções. Como se trata de duas coisas bem distintas, reservaremos a designação de *nomeação* para denominar a operação discursiva (que é uma operação anafórica), e chamaremos de *substantivo predicador* o lexema usado como nome nuclear na expressão que marca esta operação. Tomamos emprestado esse termo dos trabalhos de equipe de M. Gross (cf., por exemplo, Gross e Vivès, 1986).

Quanto à proposição recuperada pela nomeação, diremos que ela fornece as *informações-suporte* desta última.

É importante ver que, em contraste com as operações de correferência no sentido usual do termo, a principal particularidade das nomeações reside no fato de elas darem um estatuto de referente, ou de *objeto de discurso*, a um conjunto de informações (as informações-suporte) que antes não tinham esse estatuto discursivo. Na medida em que se trata das "mesmas" informações, as nomeações se parecem com a correferência; mas elas diferem no fato de que seu objeto não foi previamente estabelecido nem individuado por meio de uma expressão referencial.

Instrumentos lingüísticos da nomeação

Partindo-se destas distinções, pode-se imediatamente fazer três observações:

1) Em primeiro lugar, as nomeações não fazem uso, necessariamente, de uma expressão lexical; um pronome demonstrativo pode muito bem executar a mesma operação:

(4) Sauf cataclysme (naturel ou provoque), l'homme finira inévitablement par contrôler sa propre évolution. Ne nous leurrons pás: s'il en aquiert la capacite, il en fera forcément usage. Pour le meilleur et pour le pire. *Cela* est probablement encore très lointain, mais il faut y réfléchir dès maintenant [...]. (Le Monde, 27.4.1994)

(4) Salvo cataclisma (natural ou provocado), o homem terminará inevitavelmente por controlar sua própria evolução. Não nos enganemos: se ele adquirir esta capacidade, fará uso dela obrigatoriamente. Para o melhor e para o pior. *Isto*, provavelmente, ainda está muito longe, mas é necessário refletir desde já. (*Le Monde* 27.4.1994)

(5) [Critique de disques] Le London Symphony Orchestra se noie sous le poids des cordes, on n'entend de détails que

les interventions solistes les plus evidentes. *Ça* gâche. (Libération, 3.12.1994)

(5) [Crítica de discos] A Orquestra Sinfônica de Londres se perde sob o peso das cordas, os únicos detalhes que percebemos são as intervenções dos solistas mais evidentes. *Isso* estraga. (*Libération*, 3.12.1994)

Achamos até mesmo, nos usos que são sentidos como arcaicos e "literários", pronomes relativos sem antecedente nominal cujo componente anafórico[4] recupera informações proposicionais; é, então, de qualquer modo, o próprio relativo que opera a nomeação:

(6) Tout moribond qu'il fût M. Dandillont était encore assez vivant pour se contredire furieusement, *qui* était la vie même. (H. De Montherlant, *Pitié pour les femmes*, 165-166)

(6) Mesmo moribundo, M. Dandillot estava ainda muito vivo para se contradizer furiosamente, *que* era a vida mesmo. (H. De Montherlant, *Pitié pour les femmes*, 165-166)

(7) Il jouait sur plusieurs registres à la fois, *qui* était le trait essentiel de sa nature (Ibid, 145)

(7) Ele jogava com vários registros ao mesmo tempo, o que era o traço essencial de sua natureza. (*Ibid, 145*)

2) Em segundo lugar, encontramos esporadicamente casos em que a expressão nomeadora está implícita[5]. Isso ocorre nos exemplos seguintes, em que a nomeação não é outra senão o sujeito zero da proposição participial[6]:

(8) Hier matin, um véhicule banalisé de la police a été attaqué à proximité de l'ambassade d'Italie, *faisant quatre morts*, deux policiers et deux attaquants. (L'Express, 13.7.1994)

(8) Ontem de manhã, um veículo sem identificação da polícia foi atacado nas proximidades da embaixada da Itália, *dei-*

xando quatro mortos, dois policiais e dois assaltantes. (*L'Express*, 13.7.1994)

(9) 1249 réfugiés cubains ont encore été interceptes par les gardes-côtes américains au large de la Floride, *portant* à plus de 12000 le nombre des refugies arrêtés. (Radio, 2.9.1004)

(9) Mais mil duzentos e quarenta e nove cubanos foram interceptados pelos guardas costeiros americanos na costa da Flórida, *levando* a mais de 12 mil o número de refugiados presos. (Radio 2.9.1994)

Em (8), o sentido da proposição participial induz a extrapolar um sujeito gramatical que podemos explicitar com a expressão: *o ataque do veículo*; situação análoga em (9), onde o sujeito pode ser parafraseado como *a interceptação destes 1249 refugiados*. O fato de, nestes dois exemplos, as informações-suporte serem formuladas por um sintagma passivo cujo sujeito denota, por conseqüência, o "paciente" e não o "agente" do processo, torna também mais evidente o movimento que sofre aqui a referência. Movimento de algum modo "silencioso", não assinalado por uma expressão referencial explícita, e que aparece no desvio constatado, na decodificação, entre o referente da expressão sujeito da proposição principal e o referente do sujeito zero da participial.

Este tratamento da referência, em nossa opinião, apresenta questões interessantes sobre a maneira como os processos são mentalmente representados no modelo de mundo construído pelo discurso. Voltaremos a este ponto mais tarde. (Cf. em particular a nota 14 *infra*)

3) Enfim, a terceira observação: quando a expressão é lexical e comporta, então, um substantivo predicador, ela não é necessariamente um derivado morfológico do verbo empregado na proposição que forneceu as informações-suporte (como é o caso em (1)-(3): *foi preso... a prisão, iriam fechar... o fecha-*

mento, foi publicado... essa publicação) . Além do mais, este derivado nem sempre existe na língua; existem, então, formas supletivas, como em (10):

(10) La houillère de Tavershall brûlait depuis des années; [...] Et quand le vent soufflait de là, ce qui arrivait souvent, la maison était pleine de la puanteur qu'exhalait cette sulfureuse *combustion* des éxcrements de la terre. (D. H. Lawrence, *L'Amant de Lady Chatterley*, 34, trad. franc. Exemple repris de Apothéloz, 1995b:38).

(10) A mina de carvão de Tavershall incendiava há anos; (...) E, quando o vento soprava de lá, o que acontecia com freqüência, a casa ficava cheia do fedor que exalava dessa *combustão* sulfurosa dos excrementos da terra. (D. H. Lawrence, *L'Amant de Lady Chatterley*, 34, trad. Franc. Exemplo tomado de Apothéloz, 1995b:38).

Substantivos como *sono* (para um processo relacionado com o verbo *dormir*) ou *partida* (para um processo relacionado com o verbo *partir*) são casos particularmente freqüentes de supletismo. Supletismo ou não, pode-se concluir que muitas soluções lexicais sejam consideráveis. Nosso *corpus* comportava, assim, três exemplos em que o processo nomeado era praticamente o mesmo; em cada caso, a solução lexical adotada é diferente:

(11) Une soeur de Lyndorac *n'aimait point* Calliste. Je ne saurais dire particulièrement la source de *cette malveillance* [...].(F. De Rosset (1619), *Les Histoires mémorables et tragiques de ce temps*, 144)

(11) Uma irmã de Lyndorac *não gostava de jeito nenhum* de Calliste. Eu, particularmente, não saberia dizer a origem *desse mal-querer.* [...]. (F. De Rosset (1619), *Les Histoires mémorables et tragiques de ce temps*, 144)

(12) Gilliat, nous l'avons dit, n'était pas aimé dans la paroisse. Rien de plus naturel que *cette antipathie*. (V. Hugo, *Les Travailleurs de la mer*, 123)

(12) Gilliatt, vamos dizer, não era querido na paróquia. Nada mais natural que *esta antipatia*. (V. Hugo, *Les Travailleurs de la mer*, 123)

(13) Sa mère, qui *ne l'aimait* [=Marie] *pas*, lui préférait sa soeur Hortense qui était plus belle; elle la [=Marie] destinait au couvent. Madame Manzini étant morte en 1656, la jeune Marie se vit libre de la contrainte où la tenait cette aversion. (*Mémoires d'Hortense et de Marie Mancini*, Prefácio, 14)

(13) Sua mãe, que *não a amava* [=Marie], preferia sua irmã Hortência, que era mais bela; ela a [=Marie] mandou para o convento. Com a morte de Madame Mancini em 1656, a jovem Marie se viu livre da prisão em que a mantinha essa aversão. (*Mémoires d'Hortense et de Marie Mancini*, Prefácio, 14)

É evidente que essas soluções não são equivalentes do ponto de vista da significação produzida. Além disso, podemos notar que, em (12), as informações-suporte da nomeação são formuladas em uma construção passiva, com um agente implícito, ou sugerido somente por uma indicação de lugar ("na paróquia"). Este fato não é, certamente, sem relação com a escolha do substantivo: *antipatia* é, com efeito, centrado sobre o actante que é a causa do sentimento designado, mais do que sobre "o experienciador" do sentimento. O que quer que seja, os casos de (10) a (13) devem nos deixar atentos quanto ao fato de que as nomeações são um tipo de operação discursiva em que se colocam problemas por vezes delicados de seleção lexical. Este ponto merece ser destacado porque, como veremos mais adiante, ele não é sem relação com a escolha do determinante.

A noção de nomeação: problemas de delimitação

Existem, para as nomeações, assim como para a correferência ou para a anáfora associativa (Charolles 1990), problemas de delimitação. Examinemos brevemente alguns casos limites.

1) Será necessário considerar que operam nomeação anafórica os SNs que apontam para um constituinte da enunciação (por exemplo, para seu valor ilocutório ou perlocutório), como em (14)-(15)[7]?

(14) Silvia – Tiens, tout ce que tu dis avoir senti em me voyant, est précisement l'histoire de tous les valets qui m'ont vue.
Dorante – Ma fois, je ne serais pas surpris quand ce serait aussi l'histoire de sés maîtres.
Silvia – *Lê trait* est joli assurêment, mais je te le repete encore, je ne suis point faite aux cajoleries de ceux dont la garde-robe ressemble à la tienne. (Marivaux, *Le Jeu de l'amour et du hasard*, 1/7)

(14) Sílvia – Tudo que disseste ter sentido ao me ver é exatamente a história de todos os criados que me viram.
Dorante – De minha parte, não ficarei surpreso se esta for também a história de seus senhores.
Silvia – *O traço* é belo, certamente, mas eu repito novamente, não sou de maneira nenhuma afeita à bajulação daqueles cujo guarda-roupa se parece com o teu (Marivaux, *Le Jeu de l'amour et du hasard*, 1/7)

(15) Dixit MC Solaar: "C'est grâce à l'héritage jazz que l'homme-singe devient l'homme-sage." *Le précepte*, qui fait communier une generation de rappers en quête des bonnes vibrations commence à dater. (*Libération*, 3.12.1994)

(15) Dixit MC. Solaar: "*Foi graças à herança do jazz que o homem-macaco se tornou o homem-sábio*". *O preceito*, que

faz comungar uma geração de rappers em busca de boas vibrações, começa a ficar ultrapassado. (*Libération*, 3.12.1994)

2) O mesmo problema acontece para o caso em que, entre as informações-suporte e o anafórico, houve transformação de um processo específico em um processo genérico.

(16) Je ne vide pas le lave-vaisselle. *C'est la seule tache* que j'ai réussi, em quinze ans, à inculquer à mes filles. (A . Plume: *Promenade avec Emile L., 61*)

(16) Eu não esvazio a lava-louça. *Esta é a única tarefa* que eu consegui, em 15 anos, ensinar aos meus filhos. (A . Plume: *Promenade avec Emile L., 61*)

A expressão "a única tarefa" difere, aqui, dos casos examinados antes porque, sendo anafórica (não há nenhuma dúvida de que o lexema *tarefa* só é interpretável em virtude das informações dadas anteriormente), ela marca a transformação de um processo recuperado por seu Agente (eu) em um processo não recuperado e, neste sentido, genérico (*esvaziar a lavadora de louça*).

3) Há um problema de delimitação, ainda, para o caso em que o anafórico identifica, a partir de informações-suporte, um objeto *epistêmico*. Entendemos por isso um objeto que se caracteriza pelo fato de que ele dá suporte a predicados como *é verdade, é provável, é pouco verossímil, crer, explicar* etc.

(17) Je pars dans quatre jours. Voulez-vous m'y accompagner comme amie? Peut-être, par la suite, vous déterminerez-vous à vivre avec moi comme ma maîtrese: cela dépendra du plaisir que vous aurez à me faire. (J.-B. Boyer d'Argens, *Thérése philosophie*, 135)

(17) Eu parto dentro de quatro dias. Você gostaria de me acompanhar como amiga? Talvez, depois, você se resolva a viver comigo como minha amante: isto dependerá do pra-

zer que você terá para me oferecer. (J.-B. Boyer d'Argens, *Thérése philosophie*, 135)

(18) [The Queen said] "Curtsey while you're thinking what to say. It saves time." Alice wondered a little at this, but she was too much is awe of the Queen to desbelieve it.

(18) [A Rainha disse:] "Faça a reverência enquanto pensas no que vais dizer. Isso faz ganhar tempo." Alice duvidou um pouco dessas palavras, mas ela estava com muito temor da rainha para não acreditar." (Texto de L. Carrol, Alice no país das maravilhas, citado por Halliday e Hasan 1976:52)

A expressão anafórica em grifo não designa aqui um processo, mas o que os lógicos chamam de *julgamento*[8].

4) Um aspecto geralmente reconhecido das nomeações anafóricas é seu caráter resumidor, de onde seu efeito discursivo de "mudança de nível" (cf., por exemplo, Péquegnat, 1984). Todavia outras operações apresentam estas propriedades, daí ainda os problemas de delimitação. Assim, deve-se considerar como nomeações os casos em que o anafórico designa não uma enunciação única, mas uma seqüência mais ou menos longa de enunciações (tipo: *esta demonstração, este comentário* etc.)[9]?

Nós nos limitaremos a assinalar estas dificuldades, sem buscar aprofundá-las nem fixar fronteiras estritas ao que convém chamar de *nomeação*. O que precede deve, todavia, nos deixar atentos quanto ao fato de que a formulação de um processo e a enunciação desta formulação geram um conjunto complexo e heterogêneo de informações-suporte, a partir das quais diversos objetos de discurso podem, em seguida, ser individuados e, então, designados. Estes objetos, passados de algum modo clandestinamente no universo da referência (Apothéloz, 1995a), são principalmente os actantes do processo, o processo propriamente dito, assim como diversos parâmetros enunciativos. Veremos mais tarde que essa constatação não está desligada do nosso problema.

Definido e demonstrativo

De modo geral, constata-se que os SNs utilizados nas nomeações manifestam uma nítida propensão para uma determinação demonstrativa. É assim que, em nosso *corpus*, cerca de 3 em cada 4 casos são SNs demonstrativos. Parece, por outro lado, que se pode praticamente sempre substituir uma nomeação definida por uma demonstrativa, mas que o inverso não é verdadeiro (Chanet, 1994). Isso se deve talvez ao fato de que, na maioria das vezes, nenhum outro processo contrasta com o processo designado pelo SN nomeador; portanto, sabemos que uma das situações de emprego do definido é aquela em que o objeto designado entra em contraste com um outro objeto, como na seqüência: Um homem e uma mulher entram; a mulher trazia em seus braços um cachorrinho. (Ver sobre isso Corblin, 1983).

É necessário precisar que nosso *corpus* é praticamente constituído de exemplos escritos. Quantificações mostrariam provavelmente que, para nomear, o oral cotidiano tende a evitar as soluções lexicais e faz uso abundante de pronome demonstrativo neutro. Tornamos a encontrar, por outro lado, esta característica nos escritos infantis: até os 13-14 anos mais ou menos, e muito mais tarde ainda, as crianças mostram uma preferência muito nítida por pronome demonstrativo quando se trata de nomear um processo. (Apothéloz, 1995b). Problemas de acesso ao léxico não são certamente estranhos a esse fenômeno, que parece com outro independente do tipo de texto (de Weck 1991). O exemplo (19) ilustra isso:

(19) Si c'était interdit [de fumer] *cela* nous inciterait encore plus a fumer, car pour nous c'est une plus grande "découverte" (à l'idée qu'on ne doit pás). Pour certain la cigarette les aide beaucoup, pour d'autres *ça* sera se ronger les ongles, boire etc. (Enfant 14 ans, corpus P. Coirier, Université de Poitiers. La sequence entre parentheses est dans l'original. Repris de Apothéloz 1995b:226)

(19) Se fosse proibido (fumar), *isso* nos estimularia ainda mais a fumar, pois para nós isto é uma grande "descoberta" (a idéia de que não se deve). Para alguns, o cigarro ajuda muito, para outros *isso* seria roer as unhas, beber etc. (Criança de 14 anos, *corpus* P. Coirier, Universidade de Poitiers. A seqüência entre parênteses está no original. Tirado de Apothéloz 1995b:226)

Observa-se nesse texto quatro pronomes demonstrativos sucessivos, cada um referente a um objeto de discurso distinto; ou seja, parafraseando a designação desses objetos:

- "fumar" (se isso for proibido)
- "o fato de que fumar é proibido" (isso nos estimula a ...)
- "fumar uma vez que é proibido" (isto é uma grande descoberta)
- "o que ajuda muito" (isso seria roer as unhas)

Essa sucessão de pronomes neutros distintos quanto a seu valor referencial não está isenta de apresentar problemas de decodificação; o próprio autor parece mesmo não se dar conta de que inseriu um parêntese com o objetivo evidente de desambiguar um desses pronomes (cf. *a idéia de que não se deve*).

Vamos, agora, rever alguns fatores suscetíveis de orientar a escolha do determinante, seja em direção ao demonstrativo, seja em direção ao definido. Assim sendo, adotaremos o ponto de vista do codificador, mais do que do decodificador. Deixemos claro ainda que concebemos estes fatores não como restrições absolutas, mas apenas como elementos que favorecem um ou outro determinante. Examinaremos sucessivamente os fatores que favorecem o demonstrativo (5.1), o definido (5.2), e dedicaremos uma seção à parte para os anafóricos onde o nome-nuclear é um hiperônimo (5.3).

Fatores que favorecem o demonstrativo

Recategorização do objeto

Um primeiro fator que parece praticamente comandar o demonstrativo é o caso em que o substantivo predicador escolhido opera uma recategorização mais ou menos metafórica do processo, ou comporta uma conotação axiológica evidente, uma *iluminação ("éclairage")* no sentido de Grize (1990). De modo mais geral, pode-se dizer que a tendência é para o demonstrativo todas as vezes que o substantivo escolhido requalifica de maneira pouco predizível seu objeto.

(20) Le réflexe conservateur a encore frappé en Gaule voisine. L'adoption jeudi soir par le Parlement français de la loi Toubon contre le "franglais" en est un exemple assez cocasse. *Cette nouvelle glaciation de la langue*, prise dans la banquise de la légsilation, est révélatrice de I'ingénuité dont font preuve les politiques lorsqu'ils se figurent pouvoir contrôler I'incontrolabe à grands coups de décrets. (*L'Impartial* 2.7.1994)

(20) O reflexo conservador atingiu novamente a Gália vizinha. A adoção, na noite de quinta, pelo Parlamento francês da lei Toubon contra o "franglês" é um exemplo bastante cômico disso. *Essa nova glaciação da língua*, presa ao gelo da legislação, é reveladora da ingenuidade que comprovam os políticos ao imaginar que possam controlar o incontrolável através de grandes golpes de decretos. (*L'Impartial* 2.7.1994)

(21) Lorsque I'économie marche bien, les collectivités se comportent souvent comme les nouveaux riches: elles flambent leurs revenus jusqu'au dernier sou, et même bien au-delà. *Cette imprévoyance* a deux effects négatifs majeurs. (*Courrier Neuchâtelois*, 10.3.1993)

(21) Enquanto a economia vai bem, as coletividades se comportam freqüentemente como novos ricos: queimam seus recursos até o último tostão, e até bem mais. *Esta imprevidência* tem dois efeitos negativos maiores. (*Courrier Neuchâtelois*, 10.3.1993)

(22) Kilpatrick fut assassiné dans un théatre; la police britannique ne trouva jamais le meurtrier; les historiens déclarent que *cet échec* ne ternit pas sa bonne renommée, puisque c'est peut-être la police elle-même qui le fit tuer. (Borges, *Fictions*, trad.franc, 145)

(22) Kilpatrick foi assassinado dentro de um teatro; a polícia britânica nunca encontrou o assassino; os historiadores declaram que *esse embaraço* não obscurece a sua boa reputação, pois talvez a própria polícia o tenha assassinado. (Borges, *Fictions*, trad.franc, 145)

No que se refere às operações de correferência, este fator foi assinalado por múltiplas retomadas na literatura (ver em particular Marandin, 1986, Kleiber 1990b)

Denominação reportada

Dá-se a mesma tendência quando o substantivo escolhido é, por uma razão ou por outra, colocado à distância, por exemplo, por aspas de conotação autonímica; em outras palavras, quando o locutor retira das palavras sua "evidência de adequação" (como formula Authier, 1981:136). A mesma tendência existe para as aspas de denominação reportada.

(23) La grande Maison[la Comédie-Française] devra modifier ses habitudes. La salle Richelieu fermera pour travaux jusqu'au mois de décembre, les spectacles se denneront à Mogador et à Opéra-Comique. Simultánement *cette "délocalisation"*, la troupe sera rajeunie, étendue. (*Le Monde*, 27.4.1994)

(23) A grande Casa [a Comédia Francesa] deverá modificar seus hábitos. A sala Richelieu fechará para obras até o mês de dezembro, os espetáculos se darão no Mogador e na Ópera Cômica. Simultaneamente a *esta "deslocalização"*, a trupe será renovada, aumentada. (*Le Monde*, 27.4.1994)

Nome nuclear do SN modificado por uma expansão não-determinativa

Conduzem igualmente a uma determinação demonstrativa as expressões nas quais o substantivo predicador é qualificado por meio de uma expressão não-determinativa (adjetivo ou complemento nominal), quer dizer, não pertinente para a identificação do referente.

(24) Microsoft et Mottorola annoncent que le partage du systéme d'exploitation Windows NT sur l'architecture PowerPC est en cours. *Cette annonce très important* donne encore plus de crédibilité et de "poids" au standard PowerPC. (*Univers Mac*, janeiro de 1994)

(24) A Microsoft e a Motorola anunciam que a partilha do sistema de exploração do Windows NT para a arquitetura do Power PC está em andamento. *Este anúncio muito importante* dá ainda mais credibilidade e "peso" ao padrão PowerPC. (*Univers Mac*, janeiro de 1994)

(25) On l'arrêta très tôt le matin.[...]
Plus étonnés que lui, en fait, furent les auteurs mêmes de *cette arrestation brutale et sans motif déclaré*, en le trouvant calme et docile à ce point. (Kadaré. *La caravane des féredjès*, 43)

(25) Prenderam-no de manhã bem cedo [...]
Mais surpresos que ele, de fato, ficaram os próprios autores *desta prisão brutal e sem motivo declarado*, ao encontrá-lo calmo e dócil naquela altura dos acontecimentos. (Kadaré. *La caravane des féredjès*, 43)

Trata-se aqui de uma observação importante, que implica o funcionamento respectivo do definido e do demonstrativo, e que é independente do fato de o anafórico ser ou não uma nomeação.

De um modo geral, o demonstrativo é estreitamente solidário com o valor não determinativo do material lexical que qualifica o substantivo. O definido, ao contrário, tem por efeito tornar referencialmente relevantes todas as informações que figuram no sintagma nominal. Seu emprego, em exemplos como (24) - (25), será então pragmaticamente inadequado. Corre-se o risco de provocar, por parte do decodificador, a procura de um referente suscetível de entrar em contraste com aquele realmente designado: em (24), a busca de um outro "anúncio" satisfaz a propriedade de ser importante; em (25), a busca de uma outra "prisão" satisfaz às propriedades de ser "brutal" e "sem motivo declarado". Isto é porque se se quiser, a todo custo, utilizar o definido neste exemplo, será preciso, para assegurar aos adjetivos uma função não-determinativa, modificar seu estatuto sintático e fazer predicações secundárias, quer dizer, aposições. Vejamos agora as formulações seguintes:

(24) Microsoft et Mottorola annoncent que le partage du systéme d'exploitation Windows NT sur l'architecture PowerPC est en cours. *L'annonce très importante* donne encore plus de crédibilité et de "poids" au standard PowerPC. (Exemple transformé)

(24) A Microsoft e a Motorola anunciaram que a partilha do sistema de exploração Windows NT para a arquitetura do Power PC está em andamento. *O anúncio, muito importante*, dá ainda mais credibilidade e "peso" ao padrão Power PC. (Exemplo transformado)

(25) On l'arrêta très tôt le matin.[...]
Plus étonnés que lui, en fait, furent les auteurs mêmes de *l'arrestation - brutale et sans motif déclaré*, en le trouvant calme et docile à ce point. (Exemple transformé)

(25) Prenderam-no de manhã bem cedo [...]
Mais surpresos que ele, de fato, ficaram os próprios autores *da prisão – brutal e sem motivo declarado* – ao encontrá-lo calmo e dócil naquelas alturas dos acontecimentos. (Exemplo transformado)

Ao contrário, aqui está um exemplo em que o nome é qualificado por um adjetivo com função determinativa, então referencialmente pertinente; o determinante exigido é então o definido.

(26) Alors, au moment précis où l'autre [=l'autre génisse] allait mettre bas son premier veau, le vieux grand-père mourut, et les femmes, qu'effrayalt *l'évênement attendu*, la vendirent, en proie à la panique, et bornérent leurs soins aux poulets et aux canards. [L'événement attendu = la mise bas].(D.H. Lawrence, *Le Renard*, 8, trad. Franc)

(26) Então, no momento preciso em que a outra [a outra novilha] iria abater seu primeiro bezerro, o velho avô morrera, e as mulheres, que protelavam *o acontecimento esperado*, venderam-na, tomadas de pânico, e limitando seus cuidados às galinhas e aos patos. [o acontecimento esperado = o abate] (D.H. Lawrence, *Le Renard*, 8, trad. franc.)

O qualificador *esperado*, na expressão *o acontecimento esperado*, serve aqui para contrastar o acontecimento que constitui o abate com esse outro acontecimento – este inesperado – que é a morte do avô. Neste contexto, o determinante demonstrativo teria por conseqüência elevar a adjetivo seu caráter determinante, o que tornaria a expressão referencialmente ambígua, ou até mesmo formar um designador da morte do avô.

É interessante notar neste exemplo que o qualificador *esperado* não é escolhido somente porque descreve positivamente o objeto visado (o abate é um acontecimento esperado), mas também porque a sua negação é um atributo de objeto não visado (a morte do avô é um acontecimento imprevisto); então, ele é escolhido em função de dois objetos categorizados lexicalmente como "acontecimentos". Este exemplo mostra, por outro lado, que não é sempre verdade que um SN demonstrativo "força" a referência: aqui ele a torna, ao contrário, problemática.[10]

As seqüências *este N + expansão* e *o + N + aposição* aparecem, assim, como dois dispositivos mais ou menos equivalentes permitindo efetuar predicações secundárias. Convém, sob este ponto de vista, lembrar que toda expressão referencial pode ser aproveitada para predicar diversas informações sobre o objeto que ela designa; informações geralmente "de segundo plano", que não são consideradas como merecendo somente uma predicação principal (uma proposição). Pode tratar-se, por exemplo, de elementos descritivos que contrastam com os elementos narrativos formando o primeiro plano do texto. Essas informações de segundo plano terão geralmente um valor de explicação, de comentário, de chamamento etc. (Maes e Noordman, 1995).[11]

Marcação de parágrafo

Sabe-se que as expressões referenciais tendem a ter um formato não habitual quando se acham numa fronteira de parágrafo. Elas fornecem, assim, a seu referente a vantagem de informações que sua acessibilidade ou sua saliência não exigiriam. É assim que encontramos freqüentemente, no começo ou no fim de um parágrafo, uma anáfora lexical quando um pronome estaria perfeitamente apto a designar, sem ambigüidades, o mesmo referente. Esse fenômeno foi observado por Hinds (1977) (ver também Bessonnant (1988)). Ele está relacionado a uma estratégia que consiste em balizar as fases mais importantes do discurso, a fim de facilitar a recepção, mas também talvez a produção[12]. É, então, aqui a "visibilidade" das expressões referenciais que é utilizada como recurso para desenvolver a estruturação do produto textual. É necessário precisar que a noção de parágrafo não deve ser entendida no sentido tipográfico, mas no valor mais cognitivo do termo (mudança de ponto de vista sobre uma seqüência de eventos, passagem de uma descrição a uma narração etc.); mesmo que possa acontecer que as duas coisas coincidam.

Portanto, parece que a referência demonstrativa é justamente um meio de tornar perceptivamente saliente uma expressão, e que as nomeações não escapam a este princípio:

(27) [Il est question de la future reine Margot] Bien que catholique, sa mère Catherine de Médicis projette de la marier à Henri de Navarre, protestant, et furur roi Henri IV, premier des Bourbons. *La noce* est célébrée contre le gré de Marguerite le 18 août 1572. Loin d'être un facteur de reconcilation, *ce mariage va* être une des causes de la tragédie de la Saint-Barthélemy. (*Libération*, 14.5.1994)

(27) [Com relação à futura rainha Margot] Mesmo sendo católica, sua mãe Catarina de Médicis planeja casá-la com Henrique de Navarro, protestante, e futuro rei Henrique IV, primogênito dos Bourbons. *As bodas* são celebradas contra a vontade de Margarida, a 18 de agosto de 1572. Longe de ser um fator de reconciliação, *este casamento* vai ser uma das causas da tragédia de São Bartolomeu. (*Libération*, 14.5.1994)

A mudança de parágrafo é marcada, no texto, pela transição entre uma seqüência de verbos no presente ("planeja casá-la, são celebradas"...) e um verbo no futuro perifrástico, indicando um ponto de vista prospectivo ("vai ser uma das causas"...). É no momento em que se produz esta mudança de ponto de vista, precisamente, que se acha a nomeação demonstrativa[13]. Ela contribui, assim, para marcar esta transição.

Fatores que favorecem o definido

A apresentação do primeiro fator precisa que dois fatos semânticos não ainda expostos sejam esclarecidos. É por eles que vamos, então, começar. O primeiro concerne à polissemia dos substantivos predicadores; o segundo, a um fato de sobreinterpretação dos demonstrativos.

Uma característica semântica relativamente constante dos substantivos predicadores é sua polissemia, mais particularmente o fato de eles poderem designar seja um processo (interpretação dita, por vezes, "abstrata"), seja, por derivação metonímica, um actante deste processo; trata-se, então, mais freqüentemente, do Objeto resultante do processo, ou do *efeito* (interpretação dita "concreta")[14]. Às vezes, a informação predicada seleciona sem ambigüidade uma ou outra interpretação. É o que acontece com o exemplo (3) dado no início deste artigo: "esta publicação (do Dicionário da Academia) coincide com um aniversário..." O predicado *coincidir* pressupõe, com efeito, uma idéia de tempo, e, por esta razão, oblitera a interpretação resultativa, concreta, do lexema *publicação.* Mas existe também o caso em que o contexto não permite resolver, e as duas interpretações ficam pendentes, como em (28) ou em (29)[15]:

(28) Il leur fallait manger maintenant dans des gargotes, pour quelques sous, parmi la crasse et la vulgarité, une nourriture qu'il ne supportait pas. *Pour ces repas,* il allait chercher Tonka ponctuellement, comme s'il s'agissait d'un devoir. (R. Musil. *Trois femmes,* 106, trad. franc.)

(28) Era-lhes necessário comer nas bodegas, por algumas moedas, entre a escória e a vulgaridade, uma comida que ele não suportava. *Para esta refeição,* ele iria procurar Tonka pontualmente, como se se tratasse de um dever. (R. Musil. *Trois femmes,* 106, trad. franc.)

(29) Par une belle matinée de mai, à la Côte-Saint-André, j'étais assis dans une prairie, à l'ombre d'un groupe de grands

chênes, lisant um roman de Montjoie, intitulê. *Manuscrit trouvé au mont Pausilippe.* Tout entier *à ma lecture*, j'en fus distrait cependant par des chants doux et tristes, s'épandant par la plaine à intervalles réguliers. (H. Berlioz, *Mêmoires* I, 251)

(29) Numa bela manhã de maio, na Côte-Saint-André, eu estava sentado numa campina, à sombra de um conjunto de grandes carvalhos, lendo um romance de Montjoie, intitulado *Manuscrit trouvé au mont Pausilippe.* Mesmo completamente entretido *na minha leitura*, fui distraído, todavia, por cantos doces e tristes, espalhando-se pela planície em intervalos regulares. (H. Berlioz, *Mêmoires* I, 251)

É preciso interpretar *esta refeição* como designando a ação de comer, ou como aquilo que há dentro do prato? E *minha leitura* como designando o fato de ler, ou o texto propriamente dito? É importante notar que esse tipo de ambigüidade, ou melhor, de indeterminação da referência, não provoca nenhuma reação normativa da parte dos sujeitos falantes, e passa mesmo completamente despercebida, ao ponto de a qualificação de "ambigüidade" parecer aqui imprópria.[16]

Seja agora o caso em que a nomeação é efetivada por um SN demonstrativo, em que ele designa um processo transitivo, e não é suscetível de uma interpretação metonímica (i.é "concreta"):

(3) Le Dictionnaire de l'Acadeimie, est, pour la première fois, publié en édition de poche (de A à Z; la deuxième volume étant prévu pour 1996, et la troisième pour 1999). *Cette publication* coincide avec un anniversaire, puisque c'est le 24 août 1694 qu'une delegation de l'Academie française remettait au roi les deux volumes de la première édition de son Dictionnaire. (Le Monde des débats, juin 1994).

(3) O Dicionário da Academia, é, pela primeira vez, publicado em edição de bolso (de A a Z; estando o segundo volume previsto para 1996, e o terceiro para 1999). *Esta publicação* coincide com um aniversário, porque foi em 24 de agosto

de 1694 que uma delegação da Academia francesa remeteu ao rei os dois volumes da primeira edição de seu dicionário. (Le Monde des débats, junho de 1994)

(30) Je ne rapporterai pas les particularités de cette négociation, ni les circonstances qui précédérent l'entrée de ce prince, laissant *cette narration* à des plumes plus eloquentes que la mienne. (*Mémoires d'Hortense et de Marie Mancini, 225*)

(30) Eu não reportarei as particularidades desta negociação, nem as circunstâncias que precederam a entrada deste príncipe, deixando *esta narração* a penas mais eloqüentes que a minha. (*Mémoires d'Hortense et de Marie Mancini, 225*)

(31) Il allait s'en retouner lorsque soundain, au bord d'une source qui arrosait la gorge, il aperçut une jeune femme, occupée à laver un enfant dans ses eaux. Son coeur bondit à *cette vue.* (H. von Kleist, *Le Tremblement de terre au Chili*, 69, trad. franc.).

(31) Ele ia retornar quando, de repente, às margens de uma fonte que inundava a garganta, percebeu uma jovem, ocupada em banhar uma criança naquelas águas. Seu coração deu um salto com *esta visão.* (H. von Kleist, *Le Tremblement de terre au Chili*, 69, trad. franc.).

Na decodificação destas expressões, produz-se um fato de sobreinterpretação que podemos descrever do seguinte modo: enquanto a designação do processo está localizada no substantivo, o determinante demonstrativo tende semanticamente a absorver certos valores de actantes e circunstantes deste processo. Nos exemplos abaixo, o fenômeno concerne essencialmente ao actante objeto, ou melhor dizendo, observamos os equivalentes seguintes:

(32) cette publication = la publication de cela
cette narration = la narration de cela
cette vue = la vue de cela

(32) esta publicação = a publicação disto
esta narração = a narração disso
esta visão = a visão disso

Tudo se passa, então, como se a determinação demonstrativa se modificasse na decodificação de um valor do pronome anafórico. Este fenômeno de *absorção* de um actante pelo demonstrativo, ligado à interpretação "abstrata" do substantivo predicador, é o similar do fenômeno de *reabsorção* descrito por Karolak (1989:36-8), que se produz quando o mesmo substantivo é interpretado metonimicamente. Segundo Karolak, de fato, quando há uma interpretação metonímica (tipo: *a construção*, para designar um edifício; ou *a defesa*, para designar a pessoa que representa os interesses do acusado), o lugar do actante do processo significado pelo substantivo predicador é reabsorvido, de modo que o significado deste mesmo substantivo vem a coincidir com ele.

Mas voltemos ao fenômeno de absorção, pelo demonstrativo, de certos valores actanciais. Este fenômeno tem por conseqüência que uma expressão demonstrativa deste tipo é sentida como fortemente pleonástica se é seguida por um complemento nominal designando um actante do processo. Para os exemplos acima, teríamos assim:

(33) cette publication de cet ouvrage
cette narration de cette negotiation
cette vue de cette femme
(33) esta publicação desta obra
esta narração desta negociação
esta visão desta mulher

Este fato confirma, de qualquer modo, as bem-fundadas equivalências indicadas em (32).

Estas observações levam a considerar que, contrastivamente, as nomeações realizadas por meio de um SN definido não absorvem os lugares dos actantes do processo designado pelo SN, deixando-os assim não-saturados.

Voltemo-nos agora para as conseqüências dessas observações a respeito do problema que nos interessa, a saber, a evidenciação de fatores que favorecem o determinante definido.

Presença de um complemento nominal designando um actante

Primeiro fator que favorece o determinante definido: a presença, na expressão que comporta o substantivo predicador, de um complemento nominal designando um actante do processo identificado por este substantivo (mais freqüentemente o actante Objeto). Esta hipótese decorre diretamente das observações que foram feitas. Ela é, todavia, limitada às situações em que o substantivo predicador não é suscetível de uma interpretação metonímica. O determinante possessivo, não sendo outro senão o amálgama morfológico de um pronome e de um determinante definido (de onde a designação que se tem dado a ele, às vezes, de *adjetivo pronominal possessivo* (Girault-Duvivier, 1827), ou de *artigo possessivo* (Weinrich, 1982), equivale, bem entendido, a um complemento nominal, como mostra (37): *sua reintegração = a reintegração de X.*

N.B. Nos exemplos abaixo, a versão atestada é sempre aquela que comporta esta configuração: determinante definido + substantivo predicativo + complemento nominal.

(2) Les Serbes de Bosnie ont annoncé hier qu'ils allaient fermer la seule route qui permet, depuis quatre mois, aux civils d'entrer et de sortir de Sarajevo.
Selon une porte-parole dês Nations Unies, Claire Grimes, *la fermeture de la route* doit intervenir dès aujourd'hui. (*L'Express*, 27.7.1994).

(2) Os sérvios da Bósnia anunciaram ontem que eles iriam fechar a única estrada que permite, há quatro meses, os civis de entrar e sair de Sarajevo. Segundo a porta-voz das Nações Unidas, Claire Grimes, *o fechamento da estrada* deverá sobrevir a partir de hoje. (*L'Express*, 27.7.1994).

(34) Je contournai um petit promontoire et j'aperçus, au fond d'une plage étroite et ronde, une maison blanche, bâtie sur trois terrasses qui descendaient jusqu'à la grève. Pourquoi *la vue de cette maison* me fit-elle tressaillir de joie? (Gui de Maupassant, *À vendre*, 219).
Compare-se com: Pourquoi *cette vue* me fit-elle...

(34) Eu contornei um pequeno promontório e percebi, ao fundo de uma praia estreita e redonda, uma casa branca, construída sobre três terraços que desciam até a praia. Por que *a visão desta casa* me fez estremecer de alegria? (Gui de Maupassant, *À vendre*, 219).
Compare-se com: Por que *esta visão* me fez...

(35) Plusieurs centaines de candidats cubains à l'exil occupent depuis dimanche un bateau battant pavillon maltais dans le port da Mariel, à 40Km à l'ouest de La Havane, dans L'intention de gagner les États-Unis, a annoncé hier le ministère cubain de l'Intérieur. *L'occupation du bateau*, un tanker qui livre habituellement du combustible en plusieurs points du territoire cubain, a eu licu après la cérémonie organisée au port en l'hommage au lieutenant tué il y a une semaine [...].(*Libération*, 16.8.1994).
Compare-se com: *Cette occupation* a eu lieu...

(35) Várias centenas de candidatos cubanos ao exílio ocupam, desde domingo, um barco hasteando a bandeira maltesa no porto de Mariel, a 40 km a oeste de Havana, na intenção de chegar aos Estados Unidos, anunciou ontem o ministério cubano do Interior. *A ocupação do barco*, um "tanker" que entrega habitualmente combustível em vários pontos do território cubano, teve lugar após a cerimônia organizada no porto em homenagem ao tenente morto há uma semana [...]. (*Libération*, 16.8.1994).
Compare-se com: *Esta ocupação* teve lugar...

(36) Après deux tentatives infructueuses menées les 27 et 30 août, *les Russes* sont parvenus in extremis à arrimer, vendredi

2 septembre, le cargo spatial de ravitaillemente Progress M-24 à la station orbitale russe Mir. Grace à la maitrise du commandant de bord de la station Mir, Iouri Malechenko, *l'arrimage dês deux vaisseaux a pu être mené à son terme em mode manuel* et non automatique comme lors des deux précédents essais. (*Le Monde*, 4.9.1994)
Compare-se com: Grace à..., *cet arrimage* a pu être mené...

(36) Após duas tentativas infrutíferas entre 27 e 30 de agosto, os russos conseguiram *in extremis* suprir, sexta-feira, 2 de setembro, o cargueiro espacial de abastecimento Progress M-24 da estação orbital russa Mir. Graças à competência do comandante de bordo da estação Mir, Iouri Malechenko, *o abastecimento das duas naves pôde ser levada a termo no modo manual* e não automaticamente, como nas duas tentativas anteriores. (*Le Monde*, 4.9.1994)
Compare-se com: Graças a ..., *este abastecimento* pode ser levado...

(37) X retrouve discrètement ses fonctions à l'Université Lyon 3. Ce professeur avait eté sanctionné en juillet 90 pour avoir exprime des thèses révisionnistes. Sa réintégration suscite une polemique dans les milieux universitaires. (*France Info*, 14.1.1993)
Compare-se com: Cette réintegration suscite...

(37) X retoma discretamente suas funções na Universidade de Lyon 3. Este professor havia sido punido em julho de 90 por ter defendido teses revisionistas. *Sua reintegração* suscita uma polêmica nos meios universitários. (*France Info*, 14.1.1993)
Compare-se com: Esta reintegração suscita...

Este primeiro fator vale igualmente para outros tipos de actantes que não apenas o objeto, como mostra o exemplo seguinte:

(38) Ninni Hagsten, une Suédoise de 84 ans, est devenue dimanche le femme la plus agée à sauter en parachute. La

vieille dame, qui est aveugle, a effectué *ce saut osé attachée* à un parachutise experimenté depuis un hélicoptére survolant Stockholm. [...] *Le saute de l'aïeule* a eté filmé par la télévision suédoise et diffusé dans de nombreux pays. (*Le Nouveau Quotidien*, 9.8.1994)

(38) Ninni Hagsten, uma sueca de 84 anos, se torna domingo a mulher mais idosa a saltar de pára-quedas. A velha dama, que é cega, tem realizado *este salto audacioso* presa a um pára-quedista experiente enquanto um helicóptero sobrevoa Estocolmo. (...) *O salto da avó* foi filmado pela televisão sueca e difundido em vários países. (*Le Nouveau Quotidien*, 9.8.1994)

Tem-se aqui duas ocorrências do mesmo substantivo predicador (*salto*): a primeira, sem complemento nominal, mas seguida de um adjetivo não determinativo (configuração favorável ao demonstrativo); a segunda, seguida de um complemento nominal designando o agente do processo (configuração estimulando fortemente o emprego do definido; com sua ausência, a expressão corre o risco de ser tomada como pleonástica).

Substantivo predicador morfologicamente derivado do verbo figurando na proposição nomeada

Um segundo fator que favorece o definido é a situação em que o lexema escolhido como substantivo predicador é um derivado morfológico do verbo que aparece na proposição nomeada. Trata-se, então, de um fator oposto à recategorização (o primeiro fator marcado mais acima para o demonstrativo).

(1) La Police cantonale de Schwytz a arrêté un présumé faux-monnayeur. [...] *L'arrestation* a eu lieu en collaboration avec Interpol. (Le Matin, 1.6.1994)

(1) A polícia local de Schwytz prendeu um suposto falsificador de dinheiro. (...) *A prisão* aconteceu em colaboração com a Interpol. (*Le Matin* 1.6.1994)

(39) Les archives du cinéaste Abel Gance [...] seront vendues aux enchères à Drouot les 3 et 4 mars. *La vente* comprendra une certaine de scénarios manuscrits... (*Libération*, 8.1.1993)

(39) Os arquivos do cineasta Abel Gance (...) serão vendidos em leilão em Drouot, nos dias 3 e 4 de março. *A venda* compreenderá uma centena de cenários manuscritos... (*Libération*, 8.1.1993)

Uma análise quantitativa de nossos dados confirma o efeito desse fator. De fato, os índices respectivos de SNs definidos e demonstrativos variam da seguinte maneira, segundo sejam calculados sobre o conjunto do corpus ou sobre o subconjunto dos casos em que a anáfora é construída sobre a mesma base morfológica que o verbo da proposição nomeada.

Todas as nomeações encontradas (N=242)

SNs demonstrativos	74%
SNs definidos + SNs possessivos	25%

Casos em que o substantivo predicador é formado sobre a mesma base morfológica que o verbo da proposição nomeada (N=38)

SNs demonstrativos	55%
SNs definidos + SNs possessivos	45%

Como podemos observar, somente 25% das nomeações do nosso corpus são SNs definidos. Esta proporção sobe para 45% quando só levamos em consideração os casos em que o substantivo predicador recupera a mesma base morfológica que o verbo da proposição que ele nomeia.

Anafórico designando um atributo da enunciação

Parecem igualmente favoráveis ao definido os casos em que o objeto identificado pelo anafórico é uma enunciação compreendida por um de seus atributos, em particular por seu valor de ação, como nos textos acima (ver também mais acima o exemplo 14).

(15) Dixit MC Solaar: "Cest grace à l'héritage jazz que l'homme-singe devient l'homme sage". "*Le précept*, qui fait communier une generation de rappers em quête de bonnes vibrations, commence à dater. (*Libération*, 3.12.1994)

(15) Dixit MC. Solaar: "*Foi graças à herança do jazz que o homem-macaco se tornou o homem-sábio*". *O preceito*, que faz comungar uma geração de rappers em busca de boas vibrações, começa a ficar ultrapassado. (*Libération*, 3.12.1994)

(40) Voici le deuxiéme enregistrement complet des Troyens de toute l'histoire de disque. *L'annonce* donne la mesure du maléfice qui plane sur le grand opéra de Berlioz, coupé, tronçonné du vivant du compositeur, oublié, puis péniblement remonté depuis vingt ans avec un maximum de souci musicologic. (*Libération*, 3.12.1994)

(40) Aqui está o segundo registro completo dos Troianos em toda a história do disco. *O anúncio* dá a medida do malefício que paira sobre a grande ópera de Berlioz, cortada, despedaçada da viva expressão do compositor, esquecida, e custosamente recuperada após vinte anos com o máximo de cuidado musicológico. (*Libération*, 3.12.1994)

É preciso, todavia, notar que este gênero de anafórico é muito freqüentemente determinado pelo demonstrativo, e as expressões como *esta questão, esta pergunta, esta afirmação* são as mais freqüentes neste tipo de emprego:

(41) Convient-il de situer les fonctions dans l'ordre figuratif et les fonctionnements dans l'ordre figural?ou l'inverse? Cette interrogation est appelée à durer. (Article scientifique, 1989)

(41) Convém situar as funções na ordem figurada e os funcionamentos na ordem figural? Ou o inverso? Esta pergunta ameaça permanecer. (Artigo científico, 1989)

Todavia, observamos que, com estes anafóricos, o definido é praticamente sempre possível, o que não é o caso nos exemplos prototípicos de nomeação: é, então, ao contrário, o demonstrativo que pode praticamente sempre ser substituído pelo definido. Parece, portanto, que o referente que designa estes anafóricos, que vamos caracterizar como um atributo da enunciação, apresenta propriedades particulares.

Parece razoável considerar que os atributos de uma enunciação têm, relativamente ao conteúdo proposicional dela, um estatuto de objetos associados, e que a expressão que identifica um destes objetos pode, por conseqüência, ser equiparada a uma anáfora associativa. Deste modo, sabemos da predileção das anáforas associativas pelo definido, pelo menos em sua forma não-marcada.[17] No fundo, uma confirmação quantitativa do fenômeno ilustrado por (15) e (40) indicaria que estas anáforas não deveriam ser consideradas como nomeações no sentido estrito do termo. Elas nomeiam, certamente, um processo, mas não aquele que denota um conteúdo proposicional; elas nomeiam o tipo de ato de fala realizado por uma enunciação, e categorizam este ato como *questão, conselho, pedido, anúncio, preceito, regra* etc. Será, por outro lado, interessante estudar sistematicamente o léxico que aparece neste gênero de emprego. Indicações interessantes poderiam ser tiradas do modo como os usuários da língua categorizam espontaneamente as funções pragmáticas de que se investem suas enunciações.

Caso em que o substantivo é um hiperônimo

Do ponto de vista estritamente quantitativo, nossos dados não permitem verdadeiramente afirmar que há uma ligação direta entre o fato de o substantivo da expressão nomeadora ser um hiperônimo e o tipo de determinante selecionado. As contagens do *corpus* dão a seguinte repartição:

Índices dos casos em que o substantivo é um hiperônimo (N=30)

SNs demonstrativos	60%
SNs definidos + SNs possessivos	40%

O índice de definidos é um pouco mais elevado quando o anafórico é um hiperônimo (no total das nomeações, este índice é de 25%), mas, de um lado, os demonstrativos constituem maioria; de outro, a diferença é muito pouco importante e obtida sobre um efetivo muito reduzido para que se possa tirar conclusões válidas.

Adotaremos, então, o procedimento seguinte: de início, examinaremos os fatores que conduzem à escolha de um hiperônimo (5.3.1); em seguida, somente aqueles que, considerando a presença deste hiperônimo, conduzem à escolha do determinante definido (5.3.2).

Fatores que favorecem a escolha de um hiperônimo

Evitar a repetição de um morfema

Uma das razões mais comuns do emprego de uma denominação anafórica hiperonímica é a pressão exercida pela norma, a qual proscreve, na escrita, a repetição à curta distância de uma mesma palavra. A escolha de um termo superordenado (hiperônimo) constitui, assim, uma das soluções que permitem evitar a repetição.

No caso das nomeações, podemos considerar que há repetição de morfema quando o substantivo predicador é formado sobre a mesma base lexical do verbo da proposição anaforizada (tipo: foi preso... a prisão)[18]. É possível, então, que a presença de certos hiperônimos seja motivada aqui também pela vontade de evitar uma repetição. Ocorre provavelmente isso em (42):

(42) Les autorités britanniques ont accueilli avec um détachement affecté, Mercredi 8 juin, une décision de la Cour européenne

de justice stipulant que la Grande-Bretagne n'a pas respecté la législation communautaire em matière de droit du travail. Toutefois, *cette réaction* dissimulait mal l'embarras du gouvernement de Jonh Major devant um verdict rendu public à la veille du scrutin européen, c'est-à-dire à un moment particulièrement inopportun. (Le Monde, 10.6.1994)

(42) As autoridades britânicas aceitaram, com um desinteresse afetado, quarta-feira, 8 de junho, uma decisão da Corte européia de justiça estabelecendo que a Grã-Bretanha não respeitou a legislação comunitária em matéria de direito trabalhista. Todavia, *esta reação* dissimulava mal o embaraço do governo de John Major diante de um veredito tornado público às vésperas da eleição européia, quer dizer, num momento particularmente inoportuno. (Le Monde, 10.6.1994)

Um anafórico como *esta aceitação* teria o mesmo valor referencial que "esta reação", com as mesmas possibilidades de interpretação modal (i.é com o sentido de "uma aceitação deste tipo"); de modo que é verdadeiro, embora não de todo, que a recategorização lexical aqui teve por origem o cuidado de evitar uma repetição.

Nomeação de um processo dificilmente categorizável

Quando o processo apresenta uma certa complexidade, pode ser que sua categorização por meio de um lexema nominal seja dificultada. Neste caso, a nomeação pode ser operada através de um nome semanticamente quase nulo, como *coisa* – que Halliday e Hasan (1976) chamam de *pro-nome*, e Kleiber (1987), de nome *postiço*. Esta operação apresenta a vantagem suplementar de evitar o recurso a um pronome demonstrativo, solução também estigmatizada pela norma, pelo menos a escrita.

Esta solução tem como efeito pôr acento nas predicações executadas sobre o nome, ou seja, nas propriedades atribuídas ao referente, mais que na sua própria categorização. É o que mostram (43)-(44).

(43) A ce bal il a fait danser uniquement la femme de l'instituteur parce qu'elle était mieux habillée que les autres: *la chose* n'a pas passé inaperçue. (Max Jacob. Lê Cabinet noir, 167)
(43) Neste baile, ele dançou unicamente com a mulher do professor porque ela estava mais bem vestida do que as outras: *a coisa* não passou despercebida. (Max Jacob, *Le Cabinet noir*, 167)

(44) Derrière ces murs gris, parmi tant de jeunes gens, certains lisaient, *la chose* est sûre. (V. Woolf, *La chambre de Jacob*, 74, trad. Frçse.)
(44) Atrás desses muros cinzas, entre tanta gente jovem, alguns liam, *a coisa* é certa. (V. Woolf, *La chambre de Jacob*, 74, trad. Franc.)

Nomeação de vários processos

A escolha de um hiperônimo pode também se explicar pela vontade de reagrupar sob um lexema comum vários processos introduzidos por uma sucessão ou uma coordenação de proposições. Opera-se, então, um tipo de globalização de informações, uma sumarização em um objeto de discurso único:

(45) C'est tout bénéfice, pensai-je. Si jávais un duel avec un adversaire si célèbre, se je le blessais grièvement, si je le tuais, certainement *le fait* ne passerait pas inaperçu; il courrait sur toutes les bouches, il serait divulgué, commenté par les joumax. (D'Annuzio, L'Innocent, 204, trad. Frçse)
(45) É tudo benefício, pensei eu. Se eu tivesse um duelo com um adversário tão célebre, se eu o ferisse gravemente, se eu o matasse, certamente *o fato* não passaria despercebido: ele correria em todas as bocas, seria divulgado, comentado pelos jornais. (D'Annunzio, *L'Innocent*, 204, trad. franc.).

(46) Le malade CALCAREA ne peut pas monter un escalier tant il a les jambes fatiguées, et tant il a de fatigue dans la poitrine. [...] C'est le genre de malade qu'on avait l'habitude de designer sous le nom de scrofuleux. Pour noun, nous appelons *cet état* la psore, et CALCAREA est un de nos antipsoriques les plus profonds. (J.T. Kent, Matière médicale homéopathique, 1937, 273)

(46) O doente CALCAREA não pode subir as escadas de tanta fadiga nas pernas, e de tanta fadiga no peito. [...] É o tipo de doente que nós tínhamos o hábito de chamar pelo nome de escrofuloso. Entre nós, chamamos *este estado* de psora, e CALCAREA é um de nossos antipsoríacos dos mais profundos. (J.T. Kent, *Matière médicale homéopathique*, 1937, 273)

(47) L'émotion la plus forte et la plus ancienne de l'humanité c'est la peur, et la peur la plus ancienne et la plus forte est celle de l'inconnu. Rares sont les psychologues qui contesteront *ces faits*, et leur vérité reconnue doit fonder en tout temps l'authenticité et la dignité du recite d'horreur fantastique comme genre littéraire. (H.P. Lovecraft, *Epouvante et surnaturel en literature*, 1065, trad. franc.).

(47) A emoção mais forte e mais antiga da humanidade é o medo, e o medo mais antigo e mais forte é o do desconhecido. Raros são os psicólogos que contestarão *estes fatos*, e sua verdade reconhecida deve fundamentar, em todos os tempos, a autenticidade e a dignidade da narrativa de horror fantástico como gênero literário. (H.P. Lovecraft, *Epouvante et surnaturel en literature*, 1065, trad. franc.).

Parece que este resumo por um hiperônimo é facilitado quando o cotexto anterior já comporta substantivos predicadores: a nomeação pode, então, englobar, sob um referente único, informações transmitidas por uma proposição e objetos designados por SNs deverbais, como em (48)-(50):

(48) D'ailleurs, au printemps, l'être humain tend, comme la nature, à vouloir se renouveler. Il se produit une disparition générale des cellules dans l'organisme, une dégradation et un lavage en quelque sorte. Nombreuses sont les personnes qui ressentent *ce procesus* comme une fatigue, um abattement, un manque d'envie de travailler. (Vivre mieux, Nº 31).

(48) Aliás, na primavera, o ser humano tende, como a natureza, a querer se renovar. Ocorre um desaparecimento geral de células no organismo, uma degradação e uma espécie de lavagem. Muitas são as pessoas que experimentam *esse processo* com uma fadiga, um abatimento, uma falta de vontade de trabalhar. (*Vivre mieux*, nº 31).

(49) Dans l'oreille et le nez, on retrouve le même sensibilité que dans les yeux; le moindre bruit est pénible. Sons de cloches, rugissements, bourdonnements, bruits musicaux, crissement, comme celui de grillons, dans les oreilles. Il n'est pas rare de voir la dureté de l'ouïe résulter de *cet état.* (J. T. Kent, *Matière médicale homeopathique*, 1937, 376)

(49) Na orelha e no nariz, encontramos a mesma sensibilidade que nos olhos; o mínimo barulho é terrível. Sons de sinos, rugidos, barulhos musicais, zumbidos, como os dos grilos, nos ouvidos. Não é raro ver o tempo de saúde do ouvido resultar *deste estado.* (J. T. Kent, *Matière médicale homeopathique*, 1937, 376)

(50) L'idée dominante et essentielle de Aurum est la dépression et le dégout de la vie. Fondamentalement c'est une personne qui n'a pas envie de vivre. Nous allons percevoir *cet élément* dans pratiquement tous les cas d'Aurum, que le patient le reconnaisse ouvertement ou non. (J.T. Kent, *Matière médicale homeopathique,* 1937, 32)

(50) A idéia dominante e essencial de Aurum é a depressão e o desgosto da vida. Fundamentalmente, é uma pessoa que

não deseja viver. Vamos perceber *este elemento* em praticamente todos os casos de Aurum que o paciente reconhece abertamente ou não. (J. T. Kent, *Matière médicale homeopathique*, 1937, 32)

N hiperônimo: fatores que favorecem a escolha do definido

Os fatores expostos mais acima, que favorecem o aparecimento de um demonstrativo ou de um definido, ficam em aberto quando o nome-núcleo do anafórico é um hiperônimo. Todavia, a escolha de um hiperônimo como centro do SN anafórico pode, às vezes, ter conseqüências para a seleção do determinante. Parece, em particular, que dois fatores suplementares devem ser levados em consideração aqui; todos dois valem para o uso do definido. O número de exemplos do nosso *corpus* em que esses fatores aparecem é, no entanto, baixo, de sorte que as afirmações acima devem ser encaradas como hipóteses a se verificar.

N hiperônimo não seguido de uma expansão

Assinalemos, de início, uma certa tendência do definido a aparecer quando o SN não comporta uma expansão (sob a forma de complemento nominal ou de adjetivo). Este fato merece ser salientado, porque, no conjunto de nosso corpus, acontece o contrário: os demonstrativos é que tendem a aumentar quando o SN anafórico não comporta uma expansão. Os números abaixo ilustram a tendência ao definido segundo SN seja ou não um hiperônimo.

Índices dos casos em que o SN não comporta expansão (N=129)

SNs demonstrativos	82%
SNs definidos + SNs possessivos	18%

Índices dos casos em que o SN tem por N-nuclear um hiperônimo, não seguido de expansão (N=23)
SNs demonstrativos 57%
SNs definidos + SNs possessivos 43%

Os dois exemplos definidos dados mais adiante ilustram esse fenômeno.

N hiperônimo em posição de sujeito

O fato de o hiperônimo estar em posição de sujeito é um outro elemento favorável ao determinante definido. Observamos, com efeito, a repartição seguinte em nosso *corpus*:

Índices dos casos em que o substantivo é um hiperônimo (N=30)
SNs demonstrativos 60%
SNs definidos + SNs possessivos 40%

Índices dos casos em que o substantivo está em posição de sujeito (N=76)
SNs demonstrativos 67%
SNs definidos + SNs possessivos 33%

Índices dos casos em que o substantivo é um hiperônimo em posição de sujeito (N= 13)
SNs demonstrativos 31%
SNs definidos + SNs possessivos 69%

A proporção de cada um dos determinantes se inverte praticamente quando o nome-núcleo da nomeação é um hiperônimo e quando a expressão está em posição de sujeito.

Os índices mostram claramente que nem a posição de sujeito nem a presença de um hiperônimo constituem, em si mesmas, um fator decisivo para o definido, mas que é a conjunção destes dois fatores que exerce influência. E ainda, um estudo sobre um maior número de exemplos mereceria ser empreendido. Restaria, particularmente, examinar se é bem a noção sintática de sujeito que é pertinente aqui, ou a de tema.

Outros exemplos (43), (44) e (45), que apresentam este fator duplo de hiperônimo em posição sujeito, podemos mencionar ainda:

(51) Swissair se sent des ailes. As filiale Gate Gourmet, spécialisée dans la restauration aérienne, a acheté hier son concurrent scandinave SAS Service Partner.[...] *L'opération* a été rondement menée. (Le Matin, 7.6. 1994)

(51) A Swissair está nas nuvens. Sua filial Gate Gourmet, especializada em gastronomia aérea, comprou ontem à noite sua concorrente escandinava SAS Service Partner. [...] *A operação* foi realizada com eficácia. (*Le Matin*, 7.6.1994)

(52) Presque au même moment le dormeur qui me faisait face se leva sans bruit et tendit sur le globe de la lampe le petit rideau bleu à ressort. Dans ce mouvement, j'aurais dû voir sa figure [...]. J'aperçus une tache confuse, de la couleur d'un visage humain, mais dont je ne pus distinguer le moindre trait. *L'action* avait été fait avec une rapidité silencieuse qui me stupéfia. (Marcel Schwob, *Coer double*, 106)

(52) Quase ao mesmo tempo, o dorminhoco que estava diante de mim se levantou sem fazer barulho e puxou sobre o globo da lâmpada a pequena cortina azul. Neste movimento, deveria ter visto seu semblante. [...]. Percebi uma mancha confusa, da cor de um rosto humano, mas do qual não pude distinguir o menor traço. *O ato* foi realizado com uma rapidez tão silenciosa, que me deixou estupefato. (Marcel Schwob, *Coer double*, 106)

Epílogo

No decorrer deste artigo, tentamos trazer à luz alguns fatores que, em se tratando de nomeações, parecem pertinentes na consideração da escolha do determinante. Como evidência, aqueles que identificamos são relativamente heterogêneos. Podemos, retrospectivamente, subdividi-los em quatro grupos.

1º. Um primeiro grupo é formado pelos fatores que concernem ao material lexical utilizado no sintagma nomeador.

De um lado, com efeito, conforme o nome-nuclear deste sintagma nominal não realize nenhuma recategorização do processo (porque ele retoma a base morfemática do verbo da proposição nomeada) ou, conforme, ao contrário, ele o recategorize, observamos uma tendência, respectivamente, para o determinante definido ou para o demonstrativo. Este resultado reúne as observações feitas depois de longo tempo sobre as anáforas correferenciais.

De outro lado, o estatuto das informações veiculadas pelo material lexical que figura na expansão do sintagma (quando, bem dito, tal expansão existe) é igualmente pertinente para nosso problema. Simplificando um pouco, podemos dizer que conforme estas informações tenham ou não por função a identificação do referente, sendo ou não referencialmente pertinentes, é o definido ou o demonstrativo que será respectivamente escolhido. Tratando-se de um processo, não se admira que as informações referencialmente pertinentes sejam principalmente aquelas que dizem respeito à identidade de um ou de outro dos actantes deste processo. Observamos, por outro lado, numerosos casos em que há equivalência referencial entre os dois tipos de expressões seguintes:

- *o* + substantivo predicador + complemento nominal especificando a identidade de um actante (*a publicação desta obra*)
- *este* + substantivo predicador (*esta publicação*).

Esta constatação leva a considerar que o demonstrativo, quando determina um substantivo predicador designando um processo, tende a ser sobre-interpretado e a absorver os valores dos actantes e, assim, a saturar os lugares dos actantes do processo designado.

Enfim, constatamos, também, que, se forem favoráveis ao definido, as nomeações constituídas de um hiperônimo não se seguem de uma expansão.

2º. Um segundo ponto sensível diz respeito à natureza exata da informação nomeada, ou seja, do objeto de discurso identificado pelo anafórico. Parece, de fato, que a identificação de alguns desses objetos apresenta pontos comuns com o mecanismo da anáfora associativa. Trata-se daqueles que descrevemos como atributos da enunciação (cf. anafóricos como *esta questão, a afirmação, este preceito* etc.). Quando o anafórico designa um objeto deste tipo, o determinante definido é praticamente sempre possível, o que não é bem o caso para todas as nomeações.

3º. Forma também um grupo à parte o fator da posição de sujeito, que parece particularmente sensível quando a nomeação faz uso de um nome hiperônimo. Nossas observações tendem a mostrar que é a dimensão temática do sujeito sintático que importa aqui, e assim que a escolha do determinante será também sensível ao estatuto do anafórico na dinâmica informacional do discurso. Esta dimensão mereceria ser mais explorada. É preciso não esquecer que um dos efeitos das nomeações é converter em um *pressuposto de existência* uma informação que acabou de ser declarada. Existiria, portanto, toda uma exploração a ser empreendida sobre as ligações entre a progressão discursiva, para a qual a operação de nomeação é um instrumento, a dimensão resumidora destes anafóricos e a escolha do determinante.

4º. Um quarto conjunto de fatores diz respeito às funções de marcação, ou de sobremarcação, que estão associadas ao emprego do determinante demonstrativo e que podem, por conseqüência, estar na origem da escolha deste determinante. Dessas, nós identificamos duas: a da marcação dos parágrafos e a das denominações reportadas.

É necessário ainda explorar o que se passa quando vários fatores concorrentes se apresentam simultaneamente: por exemplo, quando é escolhido um substantivo predicador que recategoriza o processo (fator favorável ao demonstrativo), mas este substantivo é modificado por um complemento nominal restabelecendo a identidade de um actante deste processo (fator favorável ao definido). Nossas observações mostram que as configurações onde coexistem os fatores antagônicos são relativamente freqüentes. Trata-se, verdadeiramente, de uma das razões pelas quais é tão difícil compreender a lógica da determinação no caso das nomeações.

Referências bibliográficas

APOTHÉLOZ, D. (1995a). Nominalisations, référents clandestins et anaphores atypiques. *Travaux neuchâtelois de linguistiques (TRANEL)* 23: 143-173.

APOTHÉLOZ, D. (1995b). *Role et fonctionnement de l'anaphore dans la dynamique textuelle*, Genève: Librairie Droz.

APOTHÉLOZ, D. & REICHELER-BÉGUELIN, M.-J. (à paraître). Interpretations and functions of demonstrative NPs in indirect anaphora. *Journal of Pragmaticas.*

AUTHIER, J. (1981) Paroles tenues à distance. In: *Matérialités discursives*, Presses Universitaires de Lille, 127-142.

BERRENDONNER, A. (1994) Anaphores confuses et objets indiscrets. In: C. Schnedecker, M. Charolles, G. Kleiber & J. David, (éds), *L'anaphore associative (Aspects linguistiques, psyholinguistiques et automatiques)*, Metz: Centre d'Analyses Syntaxique / Paris: Klincksieck, 209-230.

BESSONNAT, D. (1998). Le decoupage en paragraphes et ses functions, *Pratiques* 57:81-105.

BLANCHE-BENVENISTE, C.; CHERVEL, A. (1966). Recherches sur le syntagme substantif, *Cahiers de lexicologie* 9: 3-37.

CHANET, C. (1994). *Manipulations sur le SN anaphoriques résomptifs*. Université de Fribourg, Séminaire de linguistique française, Documents de recherché FNRS. 20 pp.

CHAROLLES, M. (1988). Les plans d'organisations textuelle: périodes, chaînes, portées et sequences, *Pratiques* 57: 3-13.

CHAROLLES, M. (1990) L'anaphore associative. Problèmes de delimitation, *Verbum* 13.3: 119-148.

COMBETTES, B. (1992) *L'organisation du texte*, Université de Metz: Centre d'Analyse Syntaxique.

CONTE, M.-E. (1980). Coerenza testuale, *Língua e stile* 15:135-154. Reedite dans: *Condizioni di coerenza. Ricerche di lingüística testuale*, Firenze: La Nuova Itália Editrice, 1988, 29-44.

CORBLIN, F. (1983). Defini et demonstratif dans la reprise immédiate, *Le français moderne* 51: 118-134.

DIK, S. C. (1989). *The theory of functional grammar. Part 1: The structure of the Clause*, Dordrecht: Foris.

De WECK, G. (1991). *La cohésion dans les textes d'enfants*, Neuchâtel & Paris: Delachaux et Niestlé.

DUCROT, O. (1972). *Dire et ne pas dire*, Paris: Hermann.

GIRAULT-DUVIVIER, C.-P. (1827). *Grammaires des grammaires*, Paris: Janet et Cotelle. Sixième édition.

GRIZE, J.-B. (1990). *Logique et langage*, Paris: Ophrys.

GROSS, G., VIVÉS, R. (1986). Les cojnstructions nominales et l'élaboration d'um lexique-grammaire, *Langue Française* 69: 5-27.

GUNDEL, J. K.; HEDBERG, N. & ZACHARSKI, R. (1993). Cognitive status and the form of referring expressions in discourse, *language* 69: 274-307.

HALLIDAY, M. A. K. & HASAN, R. (1976). *Cohesion in English*, London: Longman.

HAWKINS, J. A. (1977a) The pragmatics of definiteness. Part I, *Linguistische Berichte* 47: 1-27.

HAWKINS, J. A. (1977b). The pragmatics of definiteness. Part II, *Linguistische Berichte* 48: 1-27.

HINDS, J. (1977). Paragraph structure and pronominalization. *Papers in Linguistics* 10: 77-99.

KAROLAC, S. (1989). *L'article et la valeur du syntagme nominal*, Paris: Presses Universitaires de France.

KLEIBER, G. (1986). Pour une explication du paradoxe de la reprise immédiate, *Langue française* 72: 54-79.

KLEIBER, G. (1987). Une leçon de CHOSE: sur le statut sémantico-référentiel du mot CHOSE, *Travaux du Centre de recherchs sémiologiques* 53: 57-75. Réédité dans G. Kleiber, *Nominales. Essais de sémantique référentielle*, Chapitre 1, Paris: Armand Colin, 1994.

KLEIBER, G. (1990a): Sur l'anaphore associative: article definí et adjectif démonstratif, *Rivista di Lingüística* 2.1: 155-175.

KLEIBER, G. (1990b): Sur l'anaphore démonstrative, *in*: M. Charolles, S. Fisher & J. Jayez, (éds), *Le discours. Répresentations et interpretations*, Presses universitaires de Nancy, 243-263.

KLEIBER, G.; Schnedecker, C. & UJMA, L. (1994). L'anaphore associative, d'une conception l'autre, *in*: C. Schnedecker, M. Charolles, G. Kleiber & J. David, (éds), *L'anaphore associative (Aspects linguistiques, psycholinguistiques et automatiques)*, Université de Metz: Centre d'Analyse Syntaxique / Paris: Klincksieck, 5-64.

LYONS, J. (1980). *Sémantique linguistique*, Paris: Larousse. Traduit de: *Semantics II*, Cambridge University Press, 1977.

MAES, A. A., NOORDMAN, L.G.M. (1995). Demonstrative nominal anaphors: a case of nonidentificational markedness, *Linguistics* 33: 225-282.

MARANDIN, J.-M. (1986). *Ce* est un autre. L'interpretation anaphorique du syntagme démonstratif, *Languages* 81: 75-89.

PÉQUEGNAT, C. (1984). La constructiion des points de vue dans le raisonement, *in*: J.-B. Grize, (éd.), Sémiologie du raisonnement, Berne: Peter Lang, 67-111.

REICHLER-BÉGUELIN, M.-J. (1988). Anaphore, cataphore et mémoire discursive, *Pratiques* 57: 15-42.

WEINRICH, H. (1982). *Textgrammatik der französischen Sprache*, Stuuugart: Klett. Trad. Frçse: *Grammaire textuelle du français*, Paris: Didier, 1989.

Notas

[1] APOTHÉLOZ, D.; CHANET, C. Défini et démonstratif dans les nominalisations. In: De MULDER & VETTERS, C. (eds.). *Relations anaphoriques et (in)cohérence*. Amsterdan: Rodopi, 1997. p. 159-86. / Tradução de Mônica Magalhães Cavalcante e Camile Maria Botelho Regadas; revisão de Alena Ciulla/.

[2] Pesquisa financiada pelo Fundo Nacional suiço de pesquisa científica (subsídios nº 12—33751.92 e 1213-39611.93).

3 NT: Houvemos por bem traduzir *nominalisations* como *nomeações*, para evitar conflitos terminológicos com o que se concebe, classicamente, na lingüística, como "nominalização".

4 Estando entendido que o pronome relativo se analisa como um morfema subordinante amalgamado com um morfema pronominal.

5 Reciprocamente, o processo nomeado pode só ter sido indicado implicitamente. Ver por exemplo o texto seguinte:

(i) Como toda noite, você penteia conscienciosamente seus cabelos. Mas, que horror, a escova está cheia! Não se desespere, esta queda é conseqüência da mudança de estação. (Texto publicitário)

6 NT: Em português, a construção correspondente é gerundiva.

7 Esse tipo de anáfora não requer obrigatoriamente uma forma lexical. Como atesta este exemplo, discutido por Reichler-Béguelin (1988:26):

(ii) É proibido lavar roupa depois das 22 horas. Favor se conformar com *isso.*

8 Halliday e Hasan (1976) os chamam de *fatos*; Lyons (1980), de *entidades de ordem 3*. Sobre este ponto de vista, ver também Dik (1989).

9 Operações discursivas que, na tradição da lingüística textual, chamamos, às vezes, de *macro-atos.* (ver, por exemplo, M.-E. Conte, 1980).

10 Este caso é, assim, um contra-exemplo à regra que pretendia que uma nomeação demonstrativa pudesse quase sempre ser substituída por uma nomeação definida.

11 Nós recomendamos aqui ao leitor a obra de Combettes (1992), que é inteiramente consagrada a esta questão da hierarquização das informações nos textos.

12 Segundo Charolles (1988), as operações de balizamento são indícios de uma atividade metadiscursiva da parte do locutor.

13 Marandin (1986:84) analisa exemplos extremamente próximos, dentre os quais estes:

(iii) Em 754, Etienne II coroa Pepino, o Breve rei da França. Esta sagração iria marcar o destino da dinastia do selo da ilegalidade.

Marandin observa que um desses resultados do demonstrativo nesse texto é também evitar uma interpretação genérica do anafórico (cf. *a aliança iria marcar*). A mesma análise é possível para um outro exemplo, de Weinrich (1982). Esta observação vale para nosso exemplo também. De modo geral, parece-nos que as descrições que damos geralmente do demonstrativo tendem sistematicamente a ocultar os resultados negativos. (i.é aquele que o emprego contextualizado de um SN demonstrativo permite evitar) em benefício dos resultados positivos (o que ele produz positivamente como efeito de sentido). Sobre essas noções de resultados negativos e positivos, nós nos permitimos remeter o leitor a Apothéloz e Reicher-Béguekin (a sair).

[14] Mas também, às vezes, trata-se do Agente (cf. *o governo*, e, num tribunal, *a acusação, a defesa*), ou ainda o Instrumento (*o fechamento*)

[15] Note-se que (28) é um exemplo característico de supletismo, pois não existe em francês substantivo predicador morfologicamente derivado de *manger* e designando a ação de comer.

[16] Isto nos leva a pensar que estamos diante de uma referência não ambígua, mas subespecificada, isto é, de um objeto de discurso de contornos parcialmente (e talvez somente provisoriamente) incertos. Tal objeto pode muito bem ser posteriormente especificado, seja como processo seja como actante; sob o ponto de vista da subespecificação do significado, esta focalização do processo ou do actante é, então, um fato de discurso. É assim que Berrendonner (1994:219) vê, nos substantivos predicadores, "não termos polissêmicos, mas descritores vagos, especializados na denominação de objetos não-discretos.

[17] Este é, por outro lado, um ponto sobre o qual os lingüistas não estão de acordo. Alguns como Kleiber (cf. Kleiber, 1990a, Kleiber, Schnedecker e Ujma, 1994) consideram que a anáfora associativa, por ordem de seu próprio funcionamento referencial, implica necessariamente o determinante definido. Outros, entre os quais nos incluímos, consideram que é conveniente adotar uma posição mais amena (cf. Gundel, Hedberg e Zacharski, 1993, Apothéloz e Reichler-Béguelin, a sair).

[18] Casos deste tipo são regularmente sancionados não importando qual seja a repetição lexical.

Encapsulamento anafórico

Maria-Elisabeth Conte[1]

Resumo

O encapsulamento anafórico é um recurso coesivo pelo qual um sintagma nominal funciona como uma paráfrase resumitiva de uma porção precedente do texto. O sintagma nominal anafórico é construído com um nome geral como núcleo lexical e tem uma clara preferência pela determinação demonstrativa. Pelo encapsulamento anafórico, um novo referente discursivo é criado sob a base de uma informação velha; ele se torna o argumento de predicações posteriores. Como um recurso de integração semântica, os sintagmas nominais encapsuladores rotulam porções textuais precedentes; aparecem como pontos nodais no texto. Quando o núcleo do sintagma nominal anafórico é axiológico[2], o encapsulamento anafórico pode ser um poderoso meio de manipulação do leitor. Finalmente, o encapsulamento anafórico pode também resultar na categorização e na hipostasiação ("*hypostasis*") de atos de fala e de funções argumentativas no discurso.

Introdução

Neste artigo, discutirei um fenômeno textualmente relevante que tem sido chamado de "encapsulamento anafórico". Este termo descreve uma anáfora lexicalmente baseada, construída com um nome geral (ou um nome avaliativo, um nome axiológico) como núcleo lexical e revela uma clara preferência por um determinante demonstrativo. O encapsulamento anafórico pode ser definido no seguinte modo: é um recurso coesivo pelo qual um sintagma nominal funciona como uma paráfrase resumidora para uma porção precedente do texto. Esta porção de texto (ou segmento) pode ser de extensão e complexidade variada (um parágrafo inteiro ou apenas uma sentença).

Seguem, aqui, dois exemplos em italiano (com os nomes gerais *fatto* 'fato' e *situazione* 'situação' como nomes encapsuladores)[3], e um exemplo em inglês com *issue* como núcleo do recurso encapsulador:

(1) La Vera, profonda anomalia del nostro sistema televisivo è reppresentata dal peso del potere politico. *Questo fatto* ha scatenato una eccessiva frammentazione delle antenne private, soprattutto al Centro-Sud.

(1) A Verdade, profunda anomalia do nosso sistema de televisão, representa o peso do poder político. *Este fato* provocou uma excessiva fragmentação da rede privada, sobretudo no Centro-Sul.

(2) Oggi tutti i migliori spazi produttivi sono ancora nelle mani delle vecchie strutture dello stato. Ci vorrà tempo per cambiare questa situazione.

(2) Hoje, todos os melhores espaços produtivos estão ainda na mão da velha estrutura do estado. Levará tempo para mudar *esta situação.*

(3) And Kohl [...] sees his mission now as anchoring Germany deep in a united Europe. He wants Germany, France and a handful of others to move rapidly toward [...] a single currency and a strenghthened European Parliament. [...] The issue, however, does not exactly quicken pulse rates in Bavaria or North Rhine-Westphalia, let alone the former East Germany.

(3) E Kohl [...] vê sua missão, agora, como sendo a de ancorar profundamente a Alemanha numa Europa unida. Ele quer que a Alemanha, a França e vários outros mudem rapidamente para [...] uma única moeda corrente e quer um Parlamento Europeu fortalecido. [...] O assunto, contudo, não estimula exatamente as taxas na Bavária ou em North Rhine-Westphalia, que dirá na antiga Alemanha Oriental.

Estas formas anafóricas são muito diferentes dos exemplos-padrão de anáfora considerando-se os seguintes pontos:

(i) Os referentes dos sintagmas nominais anafóricos não são indivíduos, mas referentes com um status ontológico diferente: são entidades de uma ordem superior como estados de coisa, eventos, situações, processos (que Lyons, 1977, chamou de entidades "de segunda ordem") ou fatos, proposições, atos de enunciação (que Lyons chamou de "entidades de terceira ordem").

(ii) O antecedente (se é legítimo falar de um antecedente) não é claramente delimitado no texto, mas deve ser reconstruído (ou mesmo construído) pelo ouvinte/leitor.

Na minha opinião, o encapsulamento anafórico é um recurso coesivo muito importante (especialmente em textos argumentativos escritos) e não tem recebido consideração tão suficiente quanto mereceria na discussão dos processos anafóricos. Meu artigo é dividido do seguinte modo. Primeiro, darei uma visão geral rápida de como o conceito de encapsulamento anafórico tem sido elaborado na lingüística contemporânea. Segundo, discutirei o papel do encapsulamento anafórico em relação ao eixo 'velho-novo'. Terceiro, a função do encapsulamento anafórico como princípio organizador no discurso será ressaltada.

O conceito de encapsulamento anafórico: estado de arte

Mesmo que o termo 'encapsulamento' (no sentido em que ele é usado aqui)[4] pareça ter sido introduzido por Sinclair (1983), vários fenômenos que caem sob o conceito de encapsulamento anafórico já foram mencionados por Halliday e Hasan (1976) e por Conte (1980, 1981). Halliday e Hasan levam em conta a função dos nomes gerais no discurso sob o título de 'referência estendida'. Conte discute a referência anafórica a proposições e atos de fala, i.e., a entidades de terceira ordem.[5]

Uma contribuição muito importante para o encapsulamento anafórico foi dada por Monika Krenn (1985). Ela discutiu principalmente a referência estendida das formas *this*, *that* e *it* e, de modo muito interessante, também incluiu um capítulo no Lexikalische Verweise (sintagmas nominais anafóricos com núcleos lexicais em inglês, como *thing, matter, point, question*). A função desses nomes gerais em textos pode ser muito semelhante à referência estendida de demonstrativos neutros ("*bare demonstratives*")[6].

Em 1986, Gill Francis apresentou um estudo sobre encapsulamento anafórico sob o título enganador de *Anaphoric nouns*. O título é enganador na medida em que os nomes não são intrinsecamente anafóricos, mas, como eu diria, nomes gerais que têm um alto potencial anafórico. Gill Francis começou a compilar uma lista de nomes-A possíveis, um conjunto que, evidentemente, não pode ser delimitado, pelo contrário: é uma lista aberta. Ela insiste principalmente nos nomes ilocucionários e nos nomes de opinião que são usados para se referir metadiscursivamente ao discurso em andamento. O denominador comum de sintagmas nominais com tais nomes é que eles são usados "para sumarizar, para reformular, para condensar ("*chunk*") informação" (Francis, 1986:2).

Por fim, mas não com menos importância, Wanda d'Addio (1988, 1990) torna muito claro que o encapsulamento anafórico é primariamente uma categorização dos conteúdos do cotexto precedente. Esta categorização ocorre por meio de nomes neutros, mas também se dá na avaliação dos estados de coisa por meio de nomes avaliativos (ou em sintagmas nominais com um adjetivo avaliativo como modificador). Chamarei esses termos avaliativos de "axiológicos".

Aqui, eu proporei dois exemplos claros de nomes axiológicos como recursos de encapsulamento:

(4) È di ieri la notizia che una superpretoliera è affondata al largo delle coste baltiche riversando l'intero carico in mare. Oggi ci si chiede: *questa ennesima catastrofe ecologica* poteva essere evitata?

(4) É de ontem a notícia de que um superpetroleiro afundou ao largo da costa báltica derramando a carga inteira no mar. Hoje se pergunta: *esta enésima catástrofe ecológica* poderia ser evitada?

(5) But those who dreammed up reform programs were indeed naïve – and now they fear that the corruption associated with Russia's reform programs will lead to a political blacklash in favor of nacionalists or communists who claim to have clean hands.

This risk exists elsewhere, too. In Venezuela, the government of Carlos Andrés Pérez introduced a neoliberal economic reform package in 1989, cutting subsidies and attempting to bring some sanity to public finances.

(5) Mas aqueles que sonharam reformar programas eram, na verdade, ingênuos – e, agora, eles temem que a corrupção associada com os programas de reforma da Rússia leve a um retrocesso político em favor de nacionalistas ou comunistas que alegam ter as mãos limpas.

> *O risco* existe em qualquer lugar, também. Na Venezuela, o governo de Carlos Andrés Pérez introduziu um pacote de reforma econômica neoliberal em 1989, cortando subsídios e tentando trazer alguma sanidade às finanças públicas.

A categorização e a avaliação são operações cognitivas e emotivas relevantes do falante. Neste sentido, o encapsulamento anafórico pode ser considerado uma anáfora pragmática.

Depois desta breve visão geral das contribuições mais relevantes para o conceito de encapsulamento anafórico[7], gostaria de formular quatro questões abertas:

(i) Como o encapsulamento pode ser visto em termos de eixo 'velho-novo'?
(ii) Por que os nomes anafóricos encapsuladores preferem os determinantes demonstrativos ao artigo definido?
(iii) Em que sentido os encapsuladores não são apenas recursos coesivos, mas também um princípio de organização no discurso?
(iv) Que tipos de encapsulamento anafórico podem ser distinguidos?

As quatro questões que formulei até aqui não foram colocadas ainda na literatura considerando o tópico do encapsulamento anafórico e podem constituir um guia para uma pesquisa posterior. No que segue, discutirei alguns aspectos dessas questões.

O encapsulamento anafórico e o eixo velho-novo

O encapsulamento anafórico é claramente dependente do cotexto. Mas os sintagmas nominais anafóricos apenas veiculam informação velha, como o termo 'encapsulamento anafórico' parece sugerir, e como tem sido mantido até agora na literatura?

Gostaria de argumentar que o que acontece no encapsulamento anafórico é mais do que a apresentação de uma paráfrase resumitiva de uma porção precedente do texto. Os encapsulamentos anafóricos podem ser considerados novos por pelo menos dois motivos. Em primeiro lugar, o próprio item lexical (o núcleo do sintagma nominal) é geralmente novo na medida em que não ocorreu no texto precedente. Em segundo lugar, e mais importante ainda, estamos lidando não apenas com categorização de informação cotextual dada, mas também com hipóstase[8] ("*Vergegenständlichung*"). O que já está presente no modelo discursivo é "objetificado", ou, em outras palavras, torna-se um referente. Na base da informação velha, um novo referente discursivo é criado, e se torna o argumento de predicações futuras. Assim, o encapsulamento anafórico se torna um procedimento muito interessante de introdução de referentes no texto. Esses referentes são criados na dinâmica do texto[9].

Defendo que é essa natureza estabelecedora de referente do encapsulamento anafórico que favorece a recorrência de determinantes demonstrativos em vez do emprego do artigo definido[10].

Embora o artigo definido não seja excluído de sintagmas nominais encapsuladores (ver, por exemplo, o caso (3)), existe, todavia, uma clara preferência pelo determinante demonstrativo. O demonstrativo (por seu intrínseco poder dêitico) apresenta um objeto textual novo ao leitor, ou o põe em foco. O demonstrativo também deve ser considerado como uma instrução ao leitor para que descubra o antecedente da expressão anafórica, i.é. para que procure a porção relevante no cotexto imediato da expressão referencial anafórica. Quando o nome encapsulador é um nome axiológico, o determinante demonstrativo é quase inevitável, já que existe um tipo de afinidade eletiva (*Wahlverwandtschaft*) entre demonstrativos e termos avaliativos (axiológicos).

O encapsulamento anafórico como um princípio de organização em textos

Integração semântica

No encapsulamento anafórico, a nova expressão referencial (que é motivada pelo discurso precedente) funciona retroativamente como um recurso de integração semântica (como um tipo de *Einordnungsinstanz*). O termo *Einordnungsinstanz* foi proposto por Ewald Lang (1973) para identificar um fenômeno diferente. No ensaio de Lang, esse termo é usado para caracterizar uma sentença final em um texto que produz integração semântica de proposições não-relacionadas de outro modo.

O sintagma nominal encapsulador produz um nível mais alto na hierarquia semântica do texto. De modo muito interessante, o encapsulamento anafórico muito freqüentemente ocorre no ponto inicial de um parágrafo e, então, funciona como um princípio organizador na estrutura discursiva[11].

Como ponto de início de um novo parágrafo, o encapsulamento anafórico é a sumarização imaginável mais curta de uma porção discursiva precedente. Em outras palavras, é um tipo de subtítulo que simultaneamente interpreta um parágrafo precedente e funciona como ponto de início para um outro. Isso está claramente marcado nos exemplos (6) e (7):

(6) Il minitest di ieri sembra dirci che la maggioranza degli italiani continua a votare entro il perimetro di centro-destra del Polo della libertà: ma all'interno di questo perimetro ridistribuisce i propri consensi, non dimenticando nemmeno la Lega, che sembra aver iniziato a bloccare una pericolosa erosione.
Curiosamente, sí. Ma, aggiungiamo, non troppo. Perché *questa tendenza* era stata in buona misura colta dagli stessi strateghi berlusconiani del sondaggio.

(6) O miniteste de ontem parece dizer que a maioria dos italianos continua a votar dentro do perímetro do centro-direi-

to do Pólo da liberdade: mas dentro desse perímetro redistribuem-se os próprios consensos, não esquecendo nem mesmo a Aliança, que parece ter começado a bloquear uma perigosa erosão.
Curiosamente, sim. Mas, acrescentamos, nem tanto. Porque, *esta tendência* era em boa medida colhida daquelas mesmas estratégias berlusconianas de avaliação.

(7) In the end, however, the fight against corruption will be won in the developing countries themselves – not in the rich world. There are encouraging signs: Thailand, Zimbabwe and others have set up anti-corruption commissions, though they don't always deliver what they promise. In Argentina and elsewhere, lawyers who once took civil-rights cases now fight corruption.
These indigenous efforts sometimes go off half-cocked.

(7) No fim, contudo, a luta contra a corrupção será vencida pelo desenvolvimento dos próprios países – não pelo mundo dos ricos. Há sinais encorajadores: a Tailândia e o Zimbábue, entre outros, estabeleceram comissões anticorrupção, embora elas nem sempre cumpram o que prometem. (...). Na Argentina e em outros locais, advogados, que uma vez defenderam casos civis, agora lutam contra a corrupção.
Estes esforços nativos algumas vezes acabam morrendo na casca.

O exemplo (6) comenta sobre resultados de eleição e alguns detalhes são apresentados; depois, eles são generalizados e interpretados como uma "tendência".

Nesses fragmentos textuais, os sintagmas nominais encapsuladores aparecem em pontos nodais no texto. Eles funcionam como recursos de interpretação intratextual que rotulam porções textuais precedentes.

Avaliação

Quando o núcleo do sintagma nominal anafórico é um nome axiológico, o texto oferece uma avaliação dos fatos e eventos descritos. Considere-se, por exemplo, (8):

(8) Irato per i della folla che lo contestava a sole sei settimane dalle elezioni generali, il presidente romeno Ion Iliescu è saltato fuori dalla sua limousine e há aggredito un giornalista dell'opposizione.
L'incredibile episodio, che há suscitato vivaci reazioni sulla stampa, è avvenuto sabato scorso.

(8) Irado com a multidão que protestava contra ele, a apenas sete semanas da eleição geral, o presidente romeno Ion Iliescu saltou furioso de sua limusine e agrediu um jornalista da oposição.
O incrível episódio, que provocou fortes reações, ocorreu no último sábado..." (Conte, 1996:6)

Essas mudanças da apresentação de detalhes para a generalização, por um lado, e da descrição de fatos ou eventos, por outro, são pontos cruciais no discurso argumentativo. O encapsulamento anafórico opera tranqüilamente com esses pontos; ele funciona simultaneamente como um recurso coesivo e como um princípio organizador, e pode ser um poderoso meio de manipulação do leitor. Como foi apontado por Wanda d'Addio (1988, 1990), a escolha do nome encapsulador não é sempre facilmente compreensível para o leitor, e pode chegar através de processos complexos de inferência.

Hipóstase de unidades pragmático-discursivas

Até agora, tratei os encapsulamentos anafóricos como pontos exclusivamente nodais na hierarquia semântica de textos. Nesta seção, discutirei brevemente o encapsulamento anafórico de unidades pragmático-discursivas.

Até então, o encapsulamento anafórico não concerne aos conteúdos do texto, mas pode também resultar na categorização e na hipostasiação de atos de fala e de funções argumentativas no discurso. Em outras palavras, o encapsulamento anafórico não é apenas *inhaltsbezogen*, mas pode também ser *kommunikationsbezogen*.

Considere-se, por exemplos, (9) e (10):

(9) La Lega sarà sempre per la gente che suda contro la classe dei governanti – *questa promessa* di Dasi ha provocato l'acclamazione della piazza.

(9) A Liga será sempre para as pessoas que lutam contra a classe governamental – *esta promessa* de Dasi provocou uma aclamação na praça.

(10) The CDU Workers group called on Kohl to keep the interests of "ordinary people" in mind. With only a 10-seat majority, Kohl must now keep everybody happy, so CDU general secretary Peter Hintze immediately announced that the party "did not accept the employers' proposals".
If the CDU keeps *that promise*, the central test in Helmut Kohl's last term will be whether the welfare state Germany has become can also be the competitive, growing economy Germany once was.

(10) O grupo de Trabalhadores CDU invoca Kohl a manter os interesses das "pessoas comuns". Com o apoio de apenas 10 parlamentares, Kohl deve manter todo mundo feliz agora, já que o secretário geral do CDU, Peter Hintze, imediatamente anunciou que o partido "não aceitou as propostas dos patrões".
Se o CDU mantiver *esta promessa*, o teste central, no último acordo de Helmut Kohl, será se o estado próspero em que a Alemanha se transformou também pode ser a economia competitiva e crescente que a Alemanha teve uma vez.

Em ambos os exemplos, o encapsulamento anafórico permite ao escritor atribuir uma força ilocucionária a algum enunciado. Esta categorização de um enunciado como um ato de fala particular (em ambos os casos, como uma promessa) produz uma mudança para o nível metacomunicativo. Uma hipóstase similar ocorre quando uma função argumentativa (como promessa, conclusão, argumento...) é atribuída a algum segmento textual. Por exemplo, em (11):

(11) Romiti avrebbe detto ai giudici: "Anche noi abbiamo una responsabilità morale nel degrado del sistema Italia". *Una premessa* alla seconda parte della deposizione, quella dedicata all'attività della FIAT nel settore pubblico.

(11) Os "ermitãos" (*romiti*) disseram aos juízes: "Também nós temos uma responsabilidade moral na degradação do sistema da Itália". *Uma premissa* à segunda parte do depoimento, aquela dedicada à atividade da FIAT no setor público.

O enunciado citado é categorizado como uma premissa em uma estratégia argumentativa.

Referências bibliográficas

ASHER, Nicholas. 1993. *Reference to Abstract Objects in Discourse*. Dordrecht: Kluwer Academic Press.

CONTE, Maria-Elisabeth. 1980. "Coerenza testuale". *Lingua e Stile* 15. 135-154.

_____. 1981. "Textdeixis und Anapher". *Kodikas/Code* 3. 121-132.

_____. 1988. *Condizioni di corenza. Ricerche de linguistica testuelle*. Firenze: La Nueva Italia.

_____. 1991. "Anaphores dans la dynamique textuelle" *Cahier de Praxématique* 16. 11-33.

_____. 1996. " Dimostrativi nel testo: tra continuità e descontinuità referenziale". *Lingua e Stile* 31. 135-145.

CORNISH, Francis. 1986. *Anaphoric Relations in English and French. A Discourse Perspective*. London: Croom Helm.

D' ADDIO, Wanda. 1988. " Nominal anaforici incapsulatori: un aspetto della coesinione lessicale". *Dalla parte del ricevente: Percezione, comprensione, interpretazione. Tai del XIX congresso internazionale della Società di Linguistica italiana (Roma, 1985)* ed. By Tullio De Mauro, Stefano Gensini & Maria Emanuela Piemontese, 143-151. Roma: Bulzoni.

_____. 1990. "Tra capsule anaforiche e sinonimi contestuali. Aspetti testuali Del lessico". *Linguistica selecta* I (Pubblicazioni Del Dipartamento di Scienze Del Linguaggio dell'Università di Roma " La Sapienza"), 6-32. Roma: Bagatto Libri.

FRANCIS, Gill. 1986. *Anaphoric Nouns*. Birmingham; English Language Research (Discourse Analysis Monograph, 11).

FRAURUD, Kari. 1992. *Processing Noun Phrases in Natural Discourse*. Stockholm University: Department of Linguistics.

HALLIDAY, Michael A. K. & HASAN, Ruqaiya. 1976. *Cohesion in English*, London: Longman.

KOEPPEL, Rolf. 1993. *Satzbezogene Verweisformen*. Tübingen: Narr.

KRENN, Monika. 1985. *Probleme der Diskursanalyse im Englischen. Verweise mit* this, that, it und *Verwandtes*. Tübingen: Narr.

LANG, Ewald. 1973. "Über einige Schwieringkeiten beim Postulieren einer Textgrammatik". *Generative Grammar in Europe* ed. By in Ferenc Kiefer & Nicolas Ruwet, 284-314. Dordrecht: Reidel.

LYONS, John, 1977. *Semantics*. Cambridge: Cambridge University Press.

PETERSON, Philip L. 1982. "Anaphoric Reference to Facts, Propositions and Events". *Linguistics and Philosophy* 5. 235-276.

PORZIG, Walter. 1930/1931. "Die Leistung der Abstrakta in der Sprache". *Blätter für deutsche Philosophie* 4. 66-77.

_____. 1934. "Wesenhafte Bedeutungsbeziehungen". *Beiträge zur Geschichte der deutschen Sprache und Literatur* 58. 70-97.

Notas

1 CONTE, Maria-Elisabeth. Anaphoric encapsulation. *Belgian Journal of linguistics*, 10, 1996. p. 1-10. /Tradução de Mônica Magalhães Cavalcante; revisão de Alena Ciulla/.

2 NT: Axiologia é o estudo de alguma espécie de valor, sobretudo de valores morais.

3 Os exemplos em italiano são todos tirados do jornal *Corriere della Sera*; os exemplos em inglês são da revista *Newsweek*.

[4] Como se sabe amplamente, o termo 'encapsulamento' tem sido usado de modo muito diferente por Lyons (1977). Para Lyons , 'encapsulamento' denota o fenômeno de inclusão sintagmática. (Exemplo: 'to bark' encapsula o sentido de 'dog'.) Este fenômeno lexical já fora discutido por Porzig (1934) sob o título de 'wesenhafte Bedeutungsbeziehungen'.

[5] Deve-se mencionar que Raible (1972:203) já afirmara que "substituições como caso, processo, condição, maneira, devem desempenhar um importante papel em qualquer teoria textual". Mas o insight importante de Raible tem sido até então negligenciado nas pesquisas da Lingüística de Texto.

[6] A função dos sintagmas nominais encapsuladores é muito semelhante à dos "demonstrativos sozinhos" quando eles se referem a objetos abstratos. Existe uma diferença, é claro: os demonstrativos não têm nenhum efeito categorizante. É o predicado, então, que determina a que tipo de entidade o pronome demonstrativo se refere. Sobre o tópico dos pronomes demonstrativos, cf. Fraurud (1992) e Conte (1996).

[7] Não incluí o livro de Rolf Koeppel (1993) em minha visão geral de encapsulamento anafórico, já que sua relevância para o tópico deste artigo tinha sido apontada por mim já muito recentemente. Apenas gostaria de mencionar que o título do livro de Koeppel, *Satzbezogene Verweisformen* (*Formas referenciais remetendo a sentenças*) parece-me muito inadequado para um livro sobre encapsulamento anafórico, pois os sintagmas nominais anafóricos encapsuladores muito freqüentemente se referem a porções inteiras de um texto e não somente a simples sentenças.

[8] NT: Hipóstase, em sentido filosófico, lembra sedimentação, transformação em *substância* (com valor aristotélico-tomista de essência, aquilo que há de permanente nas coisas que mudam).

[9] Em um artigo meu sobre pronomes anafóricos não-correferenciais (Conte, 1991), também discuti casos em que um referente textual é introduzido por um pronome anafórico.

[10] Em expressões encapsuladoras, também podemos encontrar determinantes como *such a, un tale, solch ein*. Com esses determinantes, a categorização é mais conspícua do que a referencialização.

[11] Em sua função de estruturação e organização do texto, os encapsuladores anafóricos chegam muito perto dos conectivos textuais. E, de modo muito interessante, muito poucos nomes gerais funcionando no encapsulamento anafórico também estão envolvidos na formação de conectivos. Cf. os conectivos no inglês: *the reason why, by reason of, the that*; os conectivos do francês *par le fait, pour cette raison*; os do italiano per *il fatto che, ragion per cui*. Os conectivos são fruto de um processo de gramaticalização. Existe uma transição do léxico para a gramática.

Rotulação do discurso: Um aspecto da coesão lexical de grupos nominais

Gill Francis[1]

Introdução

O principal objetivo deste capítulo é identificar, descrever e ilustrar um dos principais meios pelos quais os grupos nominais são usados para conectar e organizar o discurso escrito. Este tipo de coesão lexical dos grupos nominais será referido como *rotulação ("labelling")*. Dois tipos de rótulo serão identificados: serão chamados de *rótulos prospectivos* e *rótulos retrospectivos*. Os exemplos dados para ilustrar estes usos são todos da coleção de *corpora* do Bank of English, mantido em Cobuild, Birmingham, e, em particular, do *corpus* contendo uma série de edições completas do *The Times*.

Dentro da categoria de rótulos, um importante subconjunto é, depois, isolado e descrito: este conjunto é referido como *metalingüístico*. São grupos nominais que falam sobre uma extensão do discurso como um ato lingüístico, rotulando-o como, por exemplo, um *argumento*, um *aspecto* ou uma *declaração*. Em outras palavras, eles são rótulos para estágios de um argumento, desenvolvido dentro e através do próprio discurso, à medida que o escritor apresenta e avalia suas próprias proposições e as de outras fontes. Diferentemente de expressões como *problemas* e *assuntos*, que existem no mundo fora do discurso, elas são caraterizações *ad hoc* do comportamento lingüístico que está sendo efetuado no texto.

Rótulos

A principal característica do que será chamado de rótulo é que ele exige realização lexical, ou lexicalização, em seu cotexto: é um elemento nominal inerentemente não-específico cujo significado específico no discurso necessita ser precisamente decifrado (Winter, 1982, 1992). Os rótulos podem funcionar tanto cataforicamente (para frente), quanto anaforicamente (para trás). Quando o rótulo preceder sua lexicalização, será chamado de *rótulo prospectivo*[2]; quando seguir sua lexicalização, será chamado de *rótulo retrospectivo.*

Deve-se notar que, embora um rótulo e sua lexicalização freqüentemente ocorram dentro de uma única oração, estarei considerando apenas aqueles que operam coesivamente em fronteiras de orações.

Rótulos prospectivos

No exemplo 1, abaixo, o grupo nominal italicizado é um *rótulo prospectivo*:

(1) I understand that approximately 12 per cent of the population is left-handed. Why, then, should there be such a preponderance of right-handed golfers which extends, I am informed, to club level? In reply to that question a golfing colleague of mine offered *two reasons.*
The first was that beginners usually start with handed-down clubs, which are usually right-handed. The second was that, for technical reasons, left-handed individuals make good right-handed golfers.

(1) Eu sei que aproximadamente 12 por cento da população é canhota. Por que, então, deve existir uma predominância tão grande de jogadores de golfe destros que, eu me informei, se estende também aos tacos? Em resposta a esta

indagação, um colega meu, jogador de golfe, apresentou *duas razões.*

A primeira foi que os iniciantes normalmente começam com tacos que foram herdados de outras pessoas, que são, em geral, destras. A segunda foi que, por motivos técnicos, pessoas canhotas tornam-se bons jogadores de golfe com a mão direita.

A expressão *duas razões*, aqui, permite ao leitor predizer a informação precisa que seguirá, a qual é uma explicação para "a preponderância de jogadores de golfe destros". A fim de alcançar estas expectativas, o grupo nominal (incluindo, é claro, *dois*) deve ser plenamente lexicalizado no que se segue, e estas *orações de substituição* (Winter, 1982) devem ser plenamente compatíveis com a semântica de *razão*. Assim, o rótulo tem claramente um papel organizador que se estende para o todo do próximo parágrafo.

Se existirem modificadores lexicais ou qualificadores adicionais dentro do grupo nominal, eles devem ser lexicalizados na substituição de oração ou de orações, como no seguinte exemplo:

(2) The *New York Post*, which has been leading the tabloid pack, has added *two salacious details* to this bare outline. It reported that the alleged attack took place on a concrete staircase that runs from the Kennedy house to the beach. More sensationally, the *Post* claimed on Friday that Ted Kennedy, half naked, was romping round the estate with a second woman while the alleged attack was taking place. This allegation was at best dubious and at worst an outright fabrication.

(2) O *New York Post,* que vem liderando o mercado dos tablóides, acrescentou dois detalhes picantes a esta história vazia. Foi noticiado por esse jornal que o alegado ataque aconteceu em uma escada que vai da casa dos Kennedy até a praia. De maneira ainda mais sensacionalista, o *Post*

afirma que, na sexta-feira, Ted Kennedy, seminu, saltitava pela propriedade com uma segunda mulher, enquanto o alegado ataque ocorria. *Esta alegação* foi, na melhor das hipóteses, duvidosa e, na pior das hipóteses, uma mentira deslavada.

As funções preditiva e organizadora dos rótulos prospectivos podem ser vistas em termos das três metafunções hallidayanas: ideacional, interpessoal e textual. No exemplo 2, *dois detalhes picantes* tem um significado ideacional como um participante no processo material de "adicionar". Ela é crucial para a acumulação de significado no discurso, pois atribui a suas orações substituídas um status particular para o argumento em andamento. O rótulo também tem um significado interpessoal: escolhendo *detalhes* como nome nuclear, o escritor suspende sua avaliação – a seleção de *alegação*, por exemplo, teria preenchido uma avaliação negativa posterior e assim teria surtido um efeito diferente na semântica das orações substituídas. *Picante*, enquanto modificador, também, é avaliativo, e faz predições que são satisfeitas pelas lexias compatíveis da sentença começando com "mais sensacionalismo".

O rótulo também tem significado textual: ele está localizado no rema da oração e é parte do foco da informação nova. Como tal, tem o potencial de ser tomado novamente no desenvolvimento do argumento; somente a informação apresentada como nova pode ser prospectiva, progressiva.

Finalmente, deve-se notar que todo o grupo *dois detalhes picantes* é, em si, parte de um padrão de substituição contrastiva em relação a *esta história vazia*; a história (*outline*) precede o parágrafo citado do texto. Um rótulo particular, então, não é selecionado independentemente, mas é um elemento numa configuração de escolhas lexicais e sintáticas compatíveis.

Rótulos retrospectivos

Quando um rótulo prospectivo é usado, a motivação para seu uso não tem sido ainda fornecida e daí sua lexicalização única nas orações que substitui pode ser predita: sua função é dizer ao leitor o que esperar. O uso de um rótulo retrospectivo, por outro lado, exige uma explanação diferente, já que ele já foi lexicalizado.

Um rótulo retrospectivo serve para *encapsular* ou empacotar uma extensão do discurso. Meu critério maior para identificar um grupo nominal anaforicamente coesivo como um rótulo retrospectivo é que não há nenhum grupo nominal particular a que ele se refira: não é uma repetição ou um "sinônimo" de nenhum elemento precedente. Em vez disso, ele é *apresentado como equivalente* à oração ou orações que ele substitui, embora nomeando-as pela primeira vez. O rótulo indica ao leitor exatamente como esta extensão do discurso deve ser interpretada, e isso fornece o esquema de referência dentro do qual o argumento subseqüente é desenvolvido. Um exemplo tornará isto mais claro; novamente o rótulo está italicizado:

(3) ...the patients' immune system recognised the mouse antibodies and rejected them. This meant they not remain in the system long enough to be fully effective.
The second generation antibody now under development is an attempt to get around *this problem* by 'humanising' the mouse antibodies, using a technique developed by...

(3) ...o sistema imunológico dos pacientes reconheceu os anticorpos do rato e os rejeitou. Isto significa que eles não permanecem no sistema por tempo suficiente para se tornarem completamente eficazes.
A segunda geração de anticorpos agora em desenvolvimento é uma tentativa de contornar *este problema* através da "humanização" dos anticorpos do rato, usando uma técnica desenvolvida por...

O rótulo retrospectivo *este problema* é precedido por sua lexicalização, e assim diz ao leitor para interpretar a rejeição aos anticorpos do rato como um *problema.* Esta caracterização, que é antecipada pela descrição dos anticorpos como não sendo "completamente ativos", alinha as orações precedentes com o que segue, e fornece um esquema para a solução a ser descrita.

Rótulos retrospectivos como pro-formas

Os nomes nucleares de rótulos retrospectivos são quase sempre precedidos de um dêitico específico, como *o, este, aquele, esse,* ou *tal,* e podem ter outros modificadores e qualificadores também. O grupo nominal todo funciona muito bem como uma pro-forma ou um item referencial. Neste aspecto, os rótulos são muito semelhantes aos *nomes gerais* identificados por Halliday e Hasan (1976:27); eles incluem *homem, criatura, coisa, material, assunto, movimento, mudança, questão, idéia, fato* etc. Estes nomes gerais – eles dizem – podem ter função coesiva "porque um nome geral é, em si mesmo, um caso fronteiriço entre um item lexical (membro de um conjunto aberto) e um item gramatical (membro de um sistema fechado)". De um ponto de vista gramatical, "a combinação de nome geral mais determinante específico, tal como *o homem, a coisa,* é muito semelhante a um item referencial" (p. 275).

Assim como os nomes gerais (e, na verdade, como *this* e *that* sem o nome seguinte), também os rótulos retrospectivos têm a capacidade de se referir ao "texto como um fato": nos termos de Halliday e Hasan, "o referente não está sendo tomado como um valor nominal, mas está sendo transmudado num fato ou num relato" (p.52). Um rótulo refere e nomeia uma extensão do discurso, alinhando-a com o argumento que está sendo desenvolvido, e que agora continua em termos do que foi apresentado como "fato".

Na medida em que ele funciona como uma proforma, o nome nuclear de um rótulo retrospectivo é sempre apresentado como uma informação *dada* em sua oração, em relação à qual a nova mensagem – o foco informacional – é formulada. O termo *apresentado* é importante aqui, já que o rótulo não tem um "sinônimo" no discurso precedente, e seu núcleo é realmente um novo item lexical. Ele resume e encapsula o que veio antes, reintroduzindo-o (Jordan,1985) de tal modo que não tenha nenhum potencial prospectivo. Se lido alto, *este problema*, no exemplo 3, não teria tido proeminência tônica; ele cai na parte pós-tônica do grupo tonal.

O nome nuclear de um rótulo retrospectivo pode combinar-se com um item referencial definido de dois modos: primeiro, pode ser modificado por ele, como no exemplo 3 acima; segundo, pode ser o complemento do item referencial, como neste exemplo:

(4) Anthony Burgess thinks hero worship is peculiar to the British. He explains it by our obsession with the past and our preference for believing in the supremacy of people over ideas. 'In contrast to Plutarch's Lives, which contain no real people, it is healthy on the part of the British to think that history is made by people going to the toilet or having indigestion.'
While this is *an old-fashioned diagnosis*, in line with Carlyle's maxim that history is the essence of innumerable biographies, there is cogency in the notion that we, unlike Europeans, and especially the French, do not approve of seeing abstruse values exalted over individual achievement.

(4) Anthony Burgess pensa que o culto a heróis é uma característica peculiar dos britânicos. Ele explica isso através da nossa obsessão pelo passado e pela nossa preferência por acreditar na supremacia de pessoas sobre idéias. 'Em contraste com *Plutarch's Lives*, que não contém pessoas reais, seria saudável, da parte dos britânicos, pensar que a história é feita por pessoas que vão ao banheiro e sofrem de indigestão'.
Embora este seja *um diagnóstico fora de moda*, de acordo com a máxima de Carlyle de que a história é a essência de

inúmeras biografias, não há como refutar a noção de que nós, diferentemente dos europeus e, especialmente, dos franceses, não aprovamos ver valores obscuros sendo exaltados em detrimento de conquistas individuais.

A função organizadora dos rótulos retrospectivos

Assim como os rótulos prospectivos, os retrospectivos têm uma importante função organizadora: eles assinalam que o escritor está se movendo para a fase seguinte de seu argumento, tendo-se utilizado da fase anterior encapsulando-a ou empacotando-a em uma única nomeação. Ela não tem mais nenhum potencial prospectivo (embora seus modificadores possam ter, conforme argumentaremos adiante).

Portanto, estes rótulos têm uma clara função de mudar o tópico e de ligá-lo: eles introduzem mudanças de tópico, ou uma alteração dentro de um tópico, mesmo preservando a continuidade de colocando uma informação nova dentro de um esquema dado.

Esta função assinaladora é reforçada por uma divisão ortográfica: as orações que contêm rótulos retrospectivos são comumente introdutoras de parágrafos.

Um rótulo retrospectivo pode estender sua capacidade de ligar tópicos a uma porção muito pequena do discurso; neste caso, seu papel organizador é limitado, como no seguinte exemplo:

(5) During the war Frisch was called up into the Swiss army and was on duty with the frontier forces. *This experience* tended to confirm him in his view that Switzerland's decision to remain neutral was a matter more of luck than judgement, and that it reflected a lack of commitment rather than a moral statement. Nevertheless Switzerland's neutral position did give him a unique vantage point from which to view the events of a war raging outside its borders.

(5) Durante a guerra, Frisch foi convocado pelo exército suíço e foi engajado nas forças da fronteira. *Esta experiência*

ajudou a confirmar sua opinião de que a decisão da Suíça de permanecer neutra foi mais uma questão de sorte do que de julgamento e de que isso refletiu mais uma falta de compromisso do que uma declaração moral. Contudo, a posição neutra da Suíça deu-lhe uma vantagem única, que foi a de enxergar os acontecimentos de uma guerra que se alastrou fora de suas fronteiras.

Neste exemplo, o rótulo *esta experiência* resume a primeira sentença citada apenas. Na segunda, uma rápida transição é feita para discutir a visão de Frisch sobre a neutralidade suíça, e a terceira sentença termina esta discussão. Assim, muito pouco deste discurso é sobre *esta experiência*, e o rótulo tem um papel organizador muito local.

Em outros casos, o uso de um rótulo retrospectivo pode ajudar a organizar uma extensão discursiva muito maior, fornecendo a ligação principal que unifica dois elementos estruturais maiores, como no seguinte exemplo:

(6) Sir, As Lech Walesa visits London this week, I trust someone will raise with him the threat to women's rights in his so-called 'new democracy'.
The Polish government is on the verge of outlawing abortion, which has been free on demand since 1956. *This move* in itself is deplorable, but is made far worse by the fact that contraception is virtually unobtainable. As in many eastern European countries, women have become accustomed, rightly or wrongly, to relying on abortion as a means of choosing their family size. Under the new Polish law doctors will face imprisonment if caught performing illegal terminations and women will only be permitted abortions if life is at risk...

(6) Senhor, como Lech Walesa estará de visita a Londres nesta semana, acredito que alguém vai discutir com ele a ameaça aos direitos da mulher em sua chamada 'nova democracia'.

> O governo polonês está prestes a proibir o aborto, que é livre sob demanda desde 1956. *Esta atitude* é, em si mesma, deplorável, mas se torna muito pior pelo fato de que a contracepção é virtualmente impossível. Assim como em muitos países do leste europeu, as mulheres acostumaram-se, seja isso certo ou errado, a depender do aborto como meio de escolher o tamanho de suas famílias. Sob a nova lei polonesa, os médicos enfrentarão a prisão, caso sejam pegos realizando abortos ilegais e, às mulheres, só serão permitidos abortos quando houver risco de vida...

A extensão de discurso que é rotulada por *esta atitude* é curta, mas o resto da carta é de alguma extensão: ela é devotada a avaliar *atitude* como *deplorável*, e a dar as razões para isso. O rótulo, então, fica na fronteira entre as seções de Situação e de Avaliação de um padrão discursivo extenso de Situação-Avaliação-Base para um padrão de Avaliação (Winter, 1982, 1992). Ele funciona para trás e para frente: para trás, para encapsular e reintroduzir como dada a situação descrita no parágrafo precedente; e, para frente, para avaliá-la. A carta toda, então, é sobre *esta atitude* e nada mais.

Referência difusa

Vale a pena mencionar, neste ponto, que um rótulo retrospectivo não necessariamente se refere a uma extensão de discurso claramente delimitada ou identificável: nem sempre é possível decidir onde se encontra o limite inicial de sua base de referência. Isto pode ser explicado em termos da função coesiva intrínseca dos rótulos retrospectivos: eles são usados, como o *esta* anafórico, para dizer ao leitor para seccionar em sua mente o que veio antes. A extensão precisa do discurso a ser seccionada pode não importar: é a mudança de direção assinalada pelo rótulo e seu ambiente imediato que é de crucial importância para o desenvolvimento do discurso. Pode-se mesmo argüir que uma indistinção referencial deste tipo pode ser usada estrategicamente pelo escritor para efeitos criativos ou persuasivos, talvez dando escopo para diferentes interpretações, ou ofuscando as linhas de argumentos artificiosos ou espúrios.

Sumário: as metafunções

Assim como os rótulos prospectivos, os rótulos retrospectivos podem ser vistos como tendo significado ideacional, interpessoal e textual. Por exemplo, *esta atitude*, no exemplo 6, tem significado ideacional: seu papel participante é o de Suporte ("*Carrier*") num intensivo processo atributivo em que o Atributo é *deplorável*. O rótulo também tem significado interpessoal – a escolha de *atitude* é tipicamente jornalística ("*journalese*") para qualquer coisa que aconteceu ou acontecerá como um resultado de decisões políticas, e codifica a aceitação do escritor de que a "discriminação do aborto" está definitivamente na ordem no dia. Em termos de significado textual: ele é o tema de sua oração, e como é típico de posição temática, é apresentado como informação dada.

O alcance lexical de rótulos prospectivos e retrospectivos

É impossível tentar qualquer listagem exaustiva de núcleos de grupos nominais que possam funcionar como rótulos nos moldes descritos acima. Meus critérios de reconhecimento são muito simples: qualquer nome pode ser o nome nuclear de um rótulo desde que seja inespecífico e requeira realização lexical em seu contexto imediato, anterior ou posterior.

Os rótulos também têm muito em comum com o que Widdowson (1983:92) chamou de vocabulário geral ou "procedural", que estrutura e dá suporte ao vocabulário mais específico, relacionado a um campo, dos textos acadêmicos. Consiste de "palavras de extensão indicial ampla... úteis para negociar a veiculação de conceitos mais específicos para definir termos relacionados a campos particulares de referência".

Ivanic (1991) usa critérios muito similares para identificar sua categoria de "nomes-suporte". Peters (1985) também propõe uma categoria de palavras "para todos os propósitos", como *aspecto, fato, traço, procedimento, sinal* e *coisa.* (A expressão "todos os propósitos" é um termo impróprio, já que mesmo o mais geral e adaptável deles, *coisa*, seria posicionalmente inapropriado como rótulo em qualquer um dos exemplos dados acima. Deve-se acentuar novamente que a escolha de um rótulo não é uma seleção independente a partir de um paradigma de palavras que tenham a mesma função: estes itens são altamente dependentes do contexto).

Basicamente, contudo, o que todos os nomes nucleares de rótulos têm em comum é, nos termos de Winter, o fato de serem inerentemente inespecíficos: sua especificação é uma escolha única a partir de uma infinidade de lexicalizações possíveis, e é encontrada em orações com as quais entra em relação de substituição. Este é o conceito mais útil para especificar os rótulos como uma classe, embora como uma classe aberta.

Dentro da categoria dos rótulos, é possível isolar um conjunto de nomes que tenham um traço importante em comum – eles são *metalingüísticos* no sentido de que rotulam uma extensão discursiva como sendo um tipo particular de *linguagem.* São usados pelo escritor para forjar relacionamentos localizados inteiramente dentro do próprio discurso; eles instruem o leitor a interpretar o *status* lingüístico de uma proposição de um modo particular. Farnes (1973) fez uma distinção similar entre o que chamou de indicadores de "estrutura" e indicadores de "conteúdo": ele toma *ponto* como um indicador de estrutura, enquanto a *causa* é um indicador de conteúdo. A próxima seção tenta classificar estes nomes metalingüísticos, mais adiante.

Antes de prosseguirmos, porém, vale a pena listar os nomes nucleares que entram na categoria mais geral. Todos eles foram encontrados como nomes nucleares de rótulos pelo menos duas vezes em uma pequena parte do corpus do *The Times.* Os mais comuns são listados primeiro. Deve-se notar que os rótulos retrospectivos são de longe mais comuns do que os prospectivos, e que nem todos os nomes listados ocorrem como núcleos de rótulos prospectivos. Alguns são tipicamente formas de plural, mas somente os rótulos que são sempre plurais são listados deste modo.

Mais comuns: abordagem, área, aspecto, caso, assunto, mudança, problema, material, coisa, modo.

Outros: acidente, realização, ação, atividade, avanço, vantagem, encontro, acordo, anacronismo, arranjo, tentativa, fundo, comportamento, erro, calamidade, causa, mudança, característica, circunstâncias, combinação, complicação, compromisso, condições, conseqüência, consideração, contexto, contingência, contradição, negócio, feito, desenvolvimento, recurso, dificuldade, dilema, desastre, efeito, elemento, episódio, evento, evidência, exercício, experiência, fator, destino, incidente, informação, questão, maneira, medida, confusão, método, engano, mistura, novidades, objetivo, ocasião, ocorrência, operação, resultado, padrão, quadro, plano, política, possibilidade, prática, processo, programa, projeto, prospecto, propósito, reação, razão, cenário, esquema, revés, sinal, situação, solução, esfera, passo, estratégia, sistema, tática, tarefa, técnica, tendência, ameaça, tópico, tratamento, verdade.

Finalmente, deve-se apontar que muitos rótulos têm uma estrutura de grupo nominal complexo, e podem ser vistos como tendo 'núcleo duplo' (como nos termos postulados por Sinclair, 1989, para grupos nominais contendo *de*). Exemplos encontrados nos dados incluem *estado de coisas, curso de ação* e *nível de atividade*.

Rótulos metalingüísticos

Amplamente falando, os nomes nucleares metalingüísticos de rótulos distribuem-se dentro dos seguintes grupos, embora haja alguma indistinção e sobreposição entre eles, como ficará claro:

nomes "ilocucionários"
nomes de "atividades linguageiras"
nomes de "processo mental"
nomes de "textos"

Novamente, as listas de expoentes dados abaixo são todos encontrados pelo menos duas vezes numa pequena parte do corpus de *The Times*.

Nomes ilocucionários

São nominalizações de processos verbais, normalmente atos de comunicação: têm tipicamente verbos ilocucionários cognatos. Nomes nucleares deste tipo encontrados nos dados são:

accusation, admission, advice, affront, allegation, announcement, answer, appeal, argument, assertion, charge, claim, comment, complaint, compliment, conclusion, contention, criticism, decision, (level of) denial, disclosure, excuse, explanation, indication, objection, observation, pledge, point, prediction, projection, proposal, proposition, protestation, reassurance, recognition, recommendation, rejection, remark, reminder, reply, report, request, response, relevation, statement, suggestion, warning.

acusação, admissão, aviso, afronta, alegação, anúncio, resposta, apelo, argumento, asserção, encargo, reivindicação, comentário, queixa, cumprimento, conclusão, opinião, crítica, decisão, (nível de) negação, descoberta, desculpa, explanação, indicação, objeção, observação, promessa, predição, projeção, proposta, proposição, protesto, confiança renovada, reconhecimento, recomendação, rejeição, observação, lembran-

ça, resposta, relatório, pedido, response, revelação, declaração, sugestão, aviso.

O próximo exemplo ilustra o uso de *explicação* e de *nível de negação* como nomes "ilocucionários" em rótulos:

(7) As we left this meeting, my wife said: "Potter has gone barmy, and they don't know what to do." I could not bring myself to believe she was right. I only accepted *this explanation* when my wife confided her suspicions to a friend, a psychiatrist, who exclaimed: "That's a terrible thing to say about your child's therapist. " *This level of denial* convinced me that it was true.

(7) Assim que saímos da consulta, minha esposa disse: "Potter ficou maluco e eles não sabem o que fazer". Eu não queria acreditar que ela tivesse razão. Só aceitei *essa explicação* quando minha esposa confidenciou suas suspeitas a um amigo psicanalista, que exclamou: "Isso é uma coisa terrível de se dizer sobre o terapeuta de seu filho!" *Esse nível de negação* convenceu-me de que era verdade.

É preciso enfatizar que a seleção de um nome particular como um rótulo para a proposição de alguém não reflete, necessariamente, sua intenção original. Deste modo, a escolha de *explicação*, aqui, não codifica necessariamente a força ilocucionária original do enunciado da esposa do escritor; em vez disso, é o modo pelo qual o escritor escolhe interpretar aquela força, exatamente como ele interpreta as representações mentais correspondentes como *suas suspeitas* (*suspicion* é um nome nuclear de "processo mental": ver p. 9 abaixo). Se ele tivesse escolhido, digamos, *sugestão* ou *pronunciamento*, em vez disso, isto teria envolvido uma interpretação diferente. O mesmo se aplica a *esse nível de negação* na próxima frase do exemplo; o referente poderia ter sido rotulado como um *protest* ou uma *retort*, mas o escritor é livre para escolher qualquer interpretação apropriada do ato ilocucionário do psiquiatra. É claro que qualquer escolha de rótulo não pode ser vista como independentemente de todas as outras seleções lexicais feitas: *aceitar* é compatível com *explicação* e *confidenciar* com *suspeitas*, enquanto que *denial* é tipicamente justaposta contrastivamente com "true".

Para resumir este ponto, a sinonímia apresentada como dada pelo uso do rótulo pode ser parcial e ilusória, e reflete a exploração do escritor dos recursos estratégicos deste expediente.

Nomes de atividades linguageiras

São nomes que se referem a alguns tipos de atividade linguageira ou aos resultados disto. São similares aos nomes ilocucionários, mas não têm verbos ilocucionários cognatos (embora possam ter). Nomes nucleares deste tipo encontrados nos dados são:

account, ambiguity, comparison, consensus, contrast, controversy, criterion, debate, defence, definition, description, detail, diagnosis, dispute, distinction, drivel, equation, example, formula, ilustration, instance, language, message, myth, nonsense, proof, (line of) reasoning, reference, squabble, story, summary, tale, talk, theme, verdict, version, way (of putting it), (style of) writing.

consideração, ambigüidade, comparação, consenso, contraste, controvérsia, critério, debate, defesa, definição, descrição, detalhe, diagnóstico, disputa, distinção, conversa fiada, equação, exemplo, fórmula, ilustração, ocorrência, linguagem, mensagem, mito, bobagem, comprovação (linha de) raciocínio, referência, discussão, história, sumário, conto, conversa, tema, julgamento, colocação, (estilo de) escrita.

O próximo exemplo ilustra o uso de *description* como nome nuclear de "atividade linguageira" em um rótulo:

(8) Foster, the Fife-based organizer, said: "So many great sporting cars are only seen as static exhibits in museums nowadays, so it is a great honour for Scotland that it has become one of the premier venues for using these wonderful machines."
This description is scarcely inflated. McLaren will be driving his Jaguar Lightweight E Type. John Coombes, now based in Monaco, will drive a Jaguar D Type...

(8) Foster, o organizador da Fife-based, disse: "Tantos carros esportivos maravilhosos são considerados apenas como peças de exposição em museus hoje em dia, de modo que é uma grande honra para a Escócia ter se tornado um dos primeiros locais em que essas máquinas incríveis serão usadas."
Essa descrição foi levemente exagerada. McLaren estará dirigindo o seu Jaguar Lightweight tipo E. John Coombes, agora baseado em Mônaco, estará dirigindo um Jaguar tipo D..."

Incluídos neste grupo, também, estão nomes que se referem aos resultados de padrões discursivos e de operações estilísticas postos em prática nos dados da língua, como *adivinhação, corolário, imagem, imaginação, ironia, metáfora* e *paradoxo*. Estão também incluídos nomes como *boato* e *heresia*, que são usados primariamente para fazerem evoluir a atividade verbal. O próximo exemplo ilustra o uso de *ironia* como um rótulo retrospectivo:

(9) Rather as the great King of Babylon, Nebuchadnezzar, was obliged to listen to Daniel, the prophet of the oppressed people of Israel, so Saddam the tyrant of Baghdad has been forced to listen to the spokesmen of the Kurds, a people he despises. The Western powers should not spoil *this irony*.

(9) Assim como o grande rei da Babilônia, Nabucodonosor, foi obrigado a ouvir Daniel, o profeta do povo oprimido

de Israel, Saddam, o tirano de Bagdá, foi forçado a ouvir o porta-voz dos curdos, um povo que ele despreza. As forças do ocidente não devem desperdiçar *esta ironia*.

Nomes de processo mental

São nomes que se referem a estados e processos cognitivos e a seus resultados. Incluem nominalizações de verbos de processo mental do tipo que são usados para projetar idéias como *pensar* e *acreditar*, mas nem todos eles têm verbos cognatos. Quando são usados como nomes nucleares em rótulos, seus referentes já foram expressos verbalmente, é claro, mas tal expressão não é necessariamente parte do seu significado. Muitos deles, como *crença* e *opinião*, referem-se a aspectos dos estados cognitivos alcançados como resultados do processamento de pensamentos e experiências. Outros podem se referir tanto ao resultado quanto ao processo: *interpretação*, por exemplo, pode referir-se tanto à teoria particular formulada como um resultado da interpretação, quanto ao processo de interpretação.

Nomes nucleares deste tipo encontrados nos dados são:

analysis, assesment, assumption, attitude, belief, concept, conviction, doctrine, doubt, finding, hypothesis, idea, insight, interpretation, knowledge, misconception, notion, opinion, philosophy, position, principle, rationale, reading, suspicion, theory, thesis, thinking, thought, (point of) view, vision.

análise, atribuição, suposição, atitude, crença, conceito, convicção, doutrina, dúvida, descoberta, hipótese, idéia, insight, interpretação, conhecimento, noção falsa, noção, opinião, filosofia, posição, princípios, fundamento lógico, leitura, suspeita, teoria, modo de pensar, pensamento, (ponto de) vista.

O próximo exemplo ilustra o uso de *ponto de vista* como nome nuclear de processo mental em um rótulo:

(10) At a press briefing in London during the inaugural meeting of the bank's board of governors, Henning Christophersen, vice-president of the European Commission, said: "The EBRD must not be a political institution, but plainly and simply a bank.
This view contrasted with that of Jacques Attali, the president of the European Bank, who regards the bank's role as political and economic.

(10) Em uma nota de imprensa em Londres, durante a reunião de inauguração das autoridades dos bancos, Henning Christophersen, vice-presidente da Comissão Européia, disse: "O EBRD não deve ser uma instituição política, mas pura e simplesmente um banco".
Essa visão contrastou com a de Jacques Attali, presidente do Banco Europeu, o qual considera que o papel do banco é político e econômico.

Deveria ter-se chamado a atenção, neste estágio, para o fato de que existe alguma sobreposição entre os tipos de rótulo ilocucionários e os de atividade linguageira de rótulos, por um lado, e os tipos de processo mental, por outro. O mundo da cognição é espelhado no mundo do discurso, e as visões e opiniões que defendemos são freqüentemente vistas em termos do modo como são expressas. Assim, todos os nomes nestes grupos são, de fato, localizados "numa escala", e os seus dois aspectos de significado variam imperceptivelmente dentro da escala. Em uma extremidade da escala, estão os nomes puramente de processos verbais (com verbos ilocucionários cognatos), como *alegação* e *declaração*, que devem se referir a atos ilocucionários e que codificam a interpretação disso escolhida pelo escritor. Na outra extremidade, estão os nomes puramente cognitivos, como *crença* e *idéia*: não é uma parte necessária de seu significado que eles sejam expressos na língua, embora, é claro, como rótulos, eles realmente se refiram às suas expressões faladas ou escritas. No meio da escala, podem ser localizados nomes como *conclusão* e *observação*, que podem se referir tanto a um ato ilocucionário quanto a um estado ou processo cognitivo, embora, naturalmente, mais uma vez, ao serem usados em rótulos, estejam interpretando conclusões e observações expressas. Estes, de fato, têm sido incluídos no grupo ilocucionário por terem verbos ilocucionários cognatos.

Apesar da obscuridade dos limites, porém, a distinção básica permanece válida. Em sua essência, é a mesma distinção que fez Halliday (1985) entre processos verbais e mentais, e entre a projeção de locuções e a projeção de idéias, embora, é claro, uma vez que estamos lidando com nomes e não com verbos, os critérios para inclusão em cada um dos grupos sejam bastante diferentes.

Nomes de textos

São nomes que se referem à estrutura textual formal do discurso. Não há nenhuma interpretação envolvida: simplesmente rotulam extensões do discurso precedente, cujos limites precisos eles definem.

Nomes nucleares deste tipo encontrados nos dados são *frase, pergunta* (ortograficamente assinalada), *sentença* e *palavras*, que, de acordo com Leech (1983:314), estão no "modo sintático da metalinguagem" em oposição ao modo semântico. Também incluem nomes como *excerto, página, parágrafo, passagem, citação, seção, termo* e *terminologia*, que, similarmente, referem-se às estruturas formais, embora não sejam unidades sintáticas.

O próximo exemplo ilustra o uso de *citação* como um nome nuclear de "texto" em um rótulo:

(11) "Projects are also introducing changes in teaching styles. Increasingly these are geared towards providing students with the opportunity to develop initiative, motivation, problem-solving skills and other personal qualities. Central to this approach is the transfer to students themselves of the responsibility for managing their own learning and applying own knowledge."

That quotation comes not from the Plowden report, but from the Technical and Vocational Education Initiative review of 1985. Is it very different from what we found in the best primary schools?

(11) "Os projetos também estão introduzindo mudanças nos modos de ensino. Eles estão cada vez mais aparelhados para fornecer aos estudantes a oportunidade de desenvolver a iniciativa, a motivação, a habilidade na solução de problemas e outras qualidades pessoais. O mais importante desta abordagem é a transferência para os próprios estudantes da responsabilidade pela administração de seu aprendizado e da aplicação do seu conhecimento."
Esta citação não é do relatório Plowden, mas da revisão de 1995 do Technical and Vocational Education Iniciative.

Rótulos retrospectivos avaliativos

Foi sugerido, acima, que, enquanto os rótulos retrospectivos são apresentados como dados e, portanto, como sinônimos de suas orações precedentes, tal sinonímia é um construto, um recurso que o escritor utiliza para servir aos objetivos de seu argumento. Mesmo que os rótulos sejam apresentados como proformas dadas, eles têm significado interpessoal e podem, de fato, adicionar algo novo ao argumento indicando a avaliação do escritor das proposições que eles encapsulam.

Alguns nomes nucleares de rótulos, como por exemplo *afirmação, crença* e *ponto de vista* podem ser nomeados "atitudinalmente neutros", embora possam assumir no discurso significados "positivos" ou "negativos", de acordo com o ambiente lexical em que são usados. Outros, necessariamente, indicam tanto uma atitude negativa quanto uma atitude positiva para as proposições precedentes.

No próximo exemplo, o rótulo *esta afirmação* é, claramente, um recurso distanciador, que possibilita ao escritor transmitir ceticismo como para validar o que diz. Este tipo de avaliação negativa envolve a interpretação da força ilocucionária de uma declaração de modo que seu falante provavelmente discordaria disso, especialmente em um contexto político como este:

(12) ....led me to wonder whether politicians are becoming more cavalier in their use of data. John Major, speaking of the government's new council tax in the Commons 10 days ago, said: "Over 70 per cent of people will be gainers under the scheme."
As it happened, at the exact time he was making *this claim*, I and other correspondents were being briefed on the tax by senior Treasury officials.

(12) ...levaram-me a pensar se os políticos estão se tornando mais desdenhosos no que diz respeito ao uso de informações. John Major, ao falar do novo imposto do governo na assembléia, há dez dias atrás, disse: "Mais de setenta por cento das pessoas vai se beneficiar com este esquema".
Enquanto isso acontecia, no exato momento em que ele estava fazendo *esta afirmação*, eu e outros correspondentes estávamos sendo instruídos sobre o imposto por oficiais superiores do Tesouro.

No próximo exemplo, o rótulo *tolice* é uma avaliação mais explicitamente negativa da afirmação precedente:

(13) ...I recall the late Shah telling me repeatedly during the 1978 revolution that the people believed that "If you lifted up Khomeini's beard, you would find "Made in England" written under his chin." He half-believed *this nonsense* himself, in spite of my protestations that Anglo-Iranian relations had prospered as never before under his rule, and that the Ayatollah was demonstrably no admirer of Britain.

(13) Lembro do último Xá me dizendo várias vezes durante a revolução de 1978 que as pessoas acreditavam que "se você levantasse a barba de um Khomeini, encontraria a frase 'fabricado na Inglaterra' escrita em seu queixo." Ele

próprio quase acreditava *nesta tolice*, apesar dos meus protestos de que as relações anglo-iranianas prosperaram como nunca sob o seu governo e que o aiatolá visivelmente não era um admirador da Grã-Bretanha.

O próximo exemplo mostra o uso de *bate-boca* como um sinal da atitude negativa do escritor para as proposições que encapsula. Sua escolha de rótulo é explicitamente zombeteira; teria sido mais "objetivo" usar uma palavra como *disputa*:

(14) ...Mr Fitzwater was in turn mocked by the American press and excoriated by British Tories anxious that their leader screw the maximum number of votes from his diplomatic rugby game. By yesterday morning the White House had a fax of the front page of London's Evening Standard, claiming that the relationship between President Bush and John Major is strained "as never before".
Mr Bush was wise enough to see that *this squabble* was getting out of hand. Mr Fitzwater was asked to retract the statement wich had caused the fuss...

(14) O Sr. Fitzwater foi, primeiramente, ridicularizado pela imprensa americana e, depois, desmoralizado pelos *British Tories*, ansiosos para que seu líder conseguisse o número máximo de votos em seu jogo diplomático de *rugby*. Ontem de manhã, a Casa Branca recebeu um fax da primeira página do *London's Evening Standard*, onde havia a afirmação de que a relação entre o presidente Bush e John Major estava tão tensa quanto "nunca esteve".
O Sr. Bush foi esperto o bastante para perceber que *este bate-boca* estava ficando fora de controle. Foi solicitado ao sr. Fitzwater que retirasse a afirmação que causou tanta confusão...

Existem alguns nomes nucleares que, se não modificados, classificam seus referentes em termos positivos; aqueles que podem ser denominados positivos usualmente indicam a identificação do escritor com o *status* e a validade do referente, tal como *fato* e *descoberta.* No próximo exemplo, os resultados obtidos pelo The Accident Research Unit são confirmados como *informação*:

(15) The Accident Research Unit at Birminghan University has been investigating the outcome of real-life car accidents for the past 25 years. Each year, the Cooperative Crash Injury Study (of which we are part) investigates 850 car accidents in which people are injured or killed.
We thoroughly examine the vehicle with particular reference to the occupant protection systems, of which the seatbelt forms a fundamental part. We combine *this information* with detailed medical and police records as well as information provide on questionnaires supplied voluntarily by the accident victims themselves.

(15) A Unidade de Pesquisa de Acidentes da Universidade de Birmingham tem investigado as conseqüências de acidentes reais de carro nos últimos 25 anos. A cada ano, a *Cooperative Crash Injury Study* (da qual fazemos parte) investiga 850 acidentes de carro nos quais as pessoas são feridas ou mortas.
Examinamos inteiramente o veículo, particularmente no que diz respeito aos sistemas de proteção dos passageiros, em que o cinto de segurança consiste uma parte fundamental. Combinamos *esta informação* com registros médicos e policiais detalhados, bem como com informações fornecidas por questionários preenchidos voluntariamente pelas próprias vítimas dos acidentes.

Modificação nos rótulos retrospectivos

Mencionou-se, na página 83, acima, que a coesão de rótulos é uma função do grupo nominal inteiro, não apenas do nome nuclear. Agora é hora de examinar os vários modificadores do nome nuclear citado acima, e ver no que eles contribuem para os papéis de predição e encapsulamento dos rótulos nos quais são usados. Limitarei esta discussão à função dos modificadores nos rótulos retrospectivos, os quais são mais comuns e mais variados.

Como os nomes nucleares dos rótulos, seus modificadores podem ter significado ideacional, interpessoal e textual. Aqueles com significado primariamente textual são particularmente interessantes, e serão tratados separadamente.

Modificação ideacional e interpessoal

Primeiramente, existem modificadores cujas funções são primariamente ideacionais: adicionam-se ao significado do nome nuclear classificando-o ou definindo-o, tornando seu papel participante mais explícito. Eis um exemplo:

(16) I was travelling pointed today on the InterCity 125 from Plymouth to Paddington, seated within feet a door which burst open as the train entered a tunnel at speed, just south of Taunton.
From my own observation and the opinions of the three deeply shocked people who were standing adjacent to the door, there is strong prima facie evidence that *this spontaneous incident* was due to a material failure.

(16) Eu estava viajando hoje na InterCity 125 de Plymouth para Paddington, sentado a poucos metros de uma porta que explodiu quando o trem entrou em um túnel em alta velocidade, ao sul de Taunton.
A partir da minha própria observação e da opinião de três pessoas profundamente chocadas que estavam ao lado da porta, há uma forte evidência de que *este incidente espontâneo* tenha sido provocado por falha do material.

Aqui, *espontâneo* tem um significado ideacional: ele adiciona informação sobre o *incidente* classificando-o como *es-*

pontâneo; isto, é claro, é compatível com o parágrafo anterior e recuperável a partir dele, onde a porta é descrita como tendo "explodido".

O mesmo se aplica para os modificadores de *conceito* no próximo exemplo:

(17) This week dentists up and down the country are being asked to hand out sweets as part of a 'tooth-friendly' promotion to boost sales of sweets being sold as 'kind to teeth'. Manufacturers of *this new confectionary concept* are providing dentists participating in this week's National Smile Week with free samples to give away on open days aimed at encouraging more people to visit their dentists.

(17) Esta semana, dentistas do país, de cima a baixo, estão sendo solicitados a distribuir doces como parte da promoção "amigos do dente", que visa aumentar a saída de doces vendidos como "bons para os dentes". Os fabricantes *deste novo conceito em confeitaria* estão fornecendo amostras gratuitas aos dentistas participantes da Semana Nacional do Sorriso para que sejam distribuídas nos dias destinados a encorajar pessoas a visitar seus dentistas.

Ambos, *novo* e *confeitaria*, são modificadores ideacionais no sentido de que são muito mais informativos do que *conceito* poderia ter sido ao encapsular a idéia inteira dos doces sendo vendidos como "amigos dos dentes". A economia do recurso, permitindo que muita informação seja apresentada como um único empacotamento dado, é particularmente evidente aqui.

Em alguns casos, o modificador parece adicionar pouco ao significado ideacional de rótulo, como neste próximo exemplo:

(18) The squeeze determines the swing, and while the squeeze may be predictable by good polling, it tells us nothing about any election other than today's in Monmouth.

Nobody, however, has any interest in *this basic truth*. The political community is addicted to any horse race it can find...

(18) A pressão determina o ritmo e, embora possa ser previsível por uma boa pesquisa de opinião, ela não nos diz nada sobre qualquer eleição que não seja a de hoje em Monmouth.
Contudo, ninguém tem interesse *nessa verdade básica*. A comunidade política está viciada em toda corrida de cavalo que puder encontrar...

Básica, aqui, não adiciona muito ao conceito de *verdade*: ele não é selecionado do conjunto de adjetivos que poderiam modificar *verdade*, e uma *verdade básica* não pode ser contrastada com verdades que não são básicas. Aqui, o nome e o modificador são um pouco predizivelmente colocados, em que a função do modificador é simplesmente dar peso e dignidade a *verdade*, sublinhando ou focalizando uma faceta do modo como poderíamos, normalmente, entender o nome (ver Sinclair, neste volume).

Alguns modificadores têm significado ideacional e interpessoal, como no próximo exemplo:

(19) How free is a free-range chicken? After months of deliberation, the European Commission has come up with an official answer, or rather three answers, to *this hotly-debated question*: there is free range, traditional free range and total free range. The Brussels mandarins have devised the three-part definition to satisfy a commendable desire for a common standard throughout the European Community while at the same time, and more questionably, enabling all the main types of free-range chicken on the market to qualify.

(19) Quão livre é uma galinha de criação livre? Após meses de deliberação, a Comissão Européia apresentou uma resposta oficial, ou melhor, três respostas a *esta questão debatida*

acaloradamente: há a criação livre, a criação livre tradicional e a criação totalmente livre. Os mandarins de Bruxelas arquitetaram uma definição tripartida para satisfazer um desejo louvável para o padrão de toda a Comunidade Européia, enquanto que, simultaneamente, e de maneira mais questionável, permitiram que todos os principais tipos de galinhas criadas livremente fossem qualificadas para o mercado.

Talvez a pergunta seja, sem dúvida, *debatida calorosamente*, e o modificador realmente tem um certo papel classificatório. Mas existe algo hiperbólico nesta escolha particular de epíteto que leva a atitude do escritor para o assunto.

Os modificadores mais comuns encontrados nos rótulos, contudo, são aqueles que codificam o significado interpessoal quase inequivocamente: eles avaliam as proposições que encapsulam. Quando o grupo nominal age como uma única unidade coesiva, esta avaliação resvala como parte da informação dada, embora possa ser, na verdade, uma nova indicação da atitude do escritor. O próximo exemplo torna isso claro:

(20) In 1970 he publicly compared the banks to a railway with too many uneconomic branch lines, arguing that many bank branches should become lightly-staffed satellites.
But *this far-sighted recommendation* encountered strong resistance...

(20) Em 1970, ele comparou publicamente os bancos a uma via férrea com muitas ramificações antieconômicas, argumentando que muitas agências bancárias deveriam se tornar satélites com um número de pessoal reduzido.
Mas *esta recomendação clarividente* encontrou forte resistência...

Recomendação é, em si, atitudinalmente neutro, e a avaliação pelo escritor de *clarividente* é, de fato, nova para o leitor, embora seja apresentada como parte do pacote dado.

Algumas vezes, a atitude já foi indicada, e a função dos modificadores é expressá-la mais completamente, como no caso dos modificadores avaliados negativamente no próximo exemplo:

(21) London's cab drivers take na aristrocratic thrashing en the current edition of their magazine *Taxi*. The Earl of Winchilsea and Nottingham, the Liberal Democrat peer and staunch defender of cabbies, writes in warm terms about the trade in general but blasts those drivers who refuse to pick up fares in Parliament Square because they do not like the destinations.
Because of *this thoughtless and stupid attitude*, it is becoming more difficult to continue the fight against minicab's, thunders the earl.

(21) Os motoristas de táxi londrinos levaram uma surra aristocrática na última edição de sua revista *Táxi*. O conde de Winchilsea e Nottingham, parceiro liberal-democrata e leal defensor dos taxistas, escreveu com palavras entusiasmadas sobre o comércio em geral, mas bombardeou aqueles motoristas que se recusam a pegar passageiros no bairro do Parlamento porque não gostam dos destinos.
"Por causa *desta atitude estúpida e impensada*, está se tornando cada vez mais difícil continuar a lutar contra os mini-táxis", fuzila o conde.

Aqui, *impensada e estúpida* é predizível a partir de léxico compatível das sentenças anteriores, em particular, *uma surra aristocrática* e *bombardeou*. Contudo, novamente o nome nuclear *atitude* é neutro, e isto nos traz a uma importante observação. Os escritores parecem escolher o recurso de rotulação por causa das opções de modificação que ele oferece: escolhendo uma nomeação semelhante a *atitude*, eles podem chegar a suas avaliações sem precisar insistir especialmente nisso. *Atitude*, então, diferentemente de *verdade* no exemplo 18 acima, é primariamente um suporte para seus modificadores. Em outras palavras, fica fácil ver aqui qual é a motivação para escolher um recurso lexicamente coeso em vez de um recurso gramatical como "Por causa *disso*, está se tornando mais difícil".

Até agora, nesta seção, vimos somente os exemplos nos quais núcleo e modificadores funcionam como uma unidade coesiva única. Em alguns casos, os modificadores parecem ser simplesmente uma extensão do significado do núcleo, e em outros eles parecem ser mais importantes na codificação da mensagem do escritor do que os núcleos que lhes dão suporte. Em todos os casos, contudo, os núcleos não podem ser omitidos, não importa quão insignificante seja seu papel participante independente, porque o resultado pode ser agramatical ('Por causa *desta atitude estúpida e impensada*' no exemplo 21).

Isto se aplica a todos aqueles rótulos retrospectivos que são modificados por *esta* ou por outros dêiticos específicos. Contudo, nem sempre é o caso: muito freqüentemente, o rótulo é o complemento do dêitico. Em tais casos, o rótulo não funciona como uma proforma coesiva única: somente o núcleo é representado como dado, enquanto os modificadores são apresentados como novos, e têm um significado prospectivo. Aqui está um exemplo:

(22) 'I feel mentally like a pink worm fed on pink nougat', he observed. Readers of his later books might suppose *this* to be *an accurate description* of his mental state from cradle to grave, but in fact, as an Oxford undergraduate just after the first world war (in which, extraordinarily, he had been a military instructor), Nichols was a brilliant success.

(22) "Sinto-me mentalmente como um verme cor-de-rosa alimentado por nozes cor-de-rosa", ele observou. Os leitores de seus últimos livros poderiam supor que *essa é uma descrição precisa* de seu estado mental desde o berço até o túmulo, mas, na verdade, como um graduando de Oxford logo após a primeira guerra mundial (na qual, extraordinariamente, ele foi instrutor militar), Nichols foi um brilhante sucesso.

Aqui o modificador *precisa* é prospectivo no sentido de que ele não poderia estar num rótulo como *essa descrição precisa*: é precisamente a palavra *precisa* que conduz o discurso para frente. Se lido em voz alta, seria entonacionalmente proeminente. *Descrição*, aqui, parece ser exatamente um suporte conveniente para esse modificador. O teste para isso é que o núcleo e o modificador poderiam ser separados sem alteração da estrutura informacional: "Readers... might suppose this description to be an accurate one".

É importante notar que parte do valor léxico-gramatical de *coisa* é que, quando o termo é usado como o nome nuclear de um rótulo retrospectivo, é sempre empregado na estrutura *Esta é a* (modificador) *coisa*, em que o modificador tem potencial prospectivo, e não na estrutura alternativa *Esta* (modificador) *coisa é...*". Este é o caso extremo de um nome nuclear de um rótulo sendo usado como um suporte neutro para modificadores altamente avaliativos e prospectivamente orientados. Aqui está um exemplo:

(23) He has the charisma of a wet fish. This is probably *the most memorable thing* anyone has said about Graham Gooch, the England cricket captain, and it was, of course, said by Ted Dexter, now chairman of the selectors...

(23) Ele tem o carisma de um peixe molhado. Esta é provavelmente *a coisa mais memorável* que alguém já disse sobre Graham Gooch, o capitão do *cricket* da Inglaterra. E foi dita, é claro, por Ted Dexter, o atual dirigente dos selecionadores...

Modificação textual

Modificadores textuais são aqueles que contribuem diretamente para o papel organizacional dos rótulos: eles ajudam a ordenar mensagens relacionadas umas às outras e indicam as relações entre elas. Esses modificadores incluem pós-dêiticos como *mesmo, semelhante, diferente, próximo, depois* e *outro*, e numerais como *segundo* e *terceiro*. Desses, *outro* é com certeza o mais comum.

Modificadores textuais diferem dos modificadores ideacionais e interpessoais em importantes aspectos. Primeiro, eles são sempre apresentados como informação nova, mesmo quando o resto do grupo nominal é apresentado como dado, e mesmo quando eles ocorrem no início da oração em temas não-marcados. Segundo – e obviamente relacionado –, os rótulos nos quais eles ocorrem não são correferenciais com o texto anterior. Nos termos de Hasan (1984), eles participam de cadeias de similaridade, mas não de cadeias de identidade. Considere-se este exemplo:

(24) In his inauguration speech, for example, Mr. Walesa stressed the need for good relations with neighbours, but forgot to mention Czechoslovakia. This reminded Prague of the sourness that has crept into relations between their president. Vaclav Havel, and Mr. Walessa since the revolution of 1989. *Another blunder*: the outgoing president. General Jaruzelski, was not invited to the inauguration ceremony.

(24) Em seu discurso de inauguração, por exemplo, o sr. Walesa enfatizou a necessidade de manter boas relações com os vizinhos, mas esqueceu de mencionar a Tchecoslováquia. Isso lembrou Praga da amargura que se insinuou nas relações entre seu presidente, Vaclav Havel, e o Sr. Walesa desde a revolução de 1989. *Outra gafe*: o presidente que está desocupando o cargo, o General Jaruzelski, não foi convidado para a cerimônia de inauguração.

Aqui, *gafe* encapsula a falha de Mr. Walesa em não mencionar Tchecoslováquia. Enquanto *gafe* é apresentado como dado, contudo, *outra* é novo e se refere a outra omissão do mesmo tipo. Em outras palavras, o nome nuclear é retrospectivo, mas o grupo nominal como um todo é preditivo. Nesse exemplo, o grupo nominal é estruturalmente catafórico, isto é, coesivo com a oração (Halliday e Hasan, 1976: 78). Quando a referência prospectiva se estende além da oração, contudo, tais grupos nominais podem ser tanto rótulos retrospectivos (excluindo o modificador textual) quanto rótulos prospectivos, como neste exemplo:

(25) Mr Budd has had no direct connection with politics or the Tory party but, like Sir Terry, he has closely identified with the moneratism of the early Thatcher years.
A similar argument may work against Gavyn Davies, chief UK economist at Godman Sachs, the US investment bank. Mr Davies has been widely identified with Labour although his only links were a stint 15 years ago in Jim Callaghan's office, and marriage to Neil Kinnock's private secretary.

(25) O sr. Budd não teve ligação nenhuma com a política ou com a festa dos Conservadores, mas, assim como o sr. Terry, identificou-se estreitamente com o monetarismo do início dos anos Thatcher.
Um argumento semelhante pode funcionar contra Garvyn Davies, o economista-chefe do Reino Unido no Goldman Sachs, o banco de investimento norte-americano. O sr. Davies foi amplamente identificado com o trabalhismo, embora suas únicas conexões foram uma quota, há quinze anos atrás, no escritório de Jim Callagham, e o casamento com a secretária particular de Neil Kinnock.

É fácil encontrar qualquer número de textos nos quais as transições entre seções são assinaladas por modificadores textuais, normalmente em posição temática. Eles são extremamente úteis como organizadores discursivos. Primeiro, eles estabelecem um amplo raio de graus de contraste, da "semelhança" à "diferença" entre itens co-classificados. Ao mesmo tempo, eles podem ser usados para seqüenciar os estágios de um argumento: os numerais como *primeiro* e *segundo*, em particular, seqüenciam muito explicitamente. Portanto, esses modificadores têm uma função metalingüística: podem seqüenciar os pontos em um argumento ou eventos no mundo, mas, até neste último caso, a progressão é determinada por considerações textuais. O que o escritor está perguntando ou respondendo não é "quantas coisas aconteceram e em qual ordem?", mas "quantos eventos eu realmente preciso citar, e em que ordem devo apresentá-los".

Epítetos comparativos como modificadores

Epítetos comparativos, e, numa extensão menor, equativos e superlativos também, são semelhantes a modificadores textuais, pois podem ter funções retrospectivas e prospectivas. Considere-se este exemplo:

(26) He always pronounced the word 'heard', as if spelt with a double e, 'heerd', instead of sounding it 'herd', as Boswell recorded was most usually done. Perhaps this was partly a hangover from Sam's early Staffordshire pronunciation, but, characteristically, he had *a more bombastic explanation* when challenged: 'He said his reason was that if it were pronounced "herd", there would be a single exception from the English pronunciation of the syllable "ear", and he thought it better not to have that exception.

(26) Ele sempre falava a palavra "heard" pronunciando um "e" dobrado, "heerd", ao invés de soar "herd", como Boswell registrou ser a pronúncia mais usual. Talvez essa tenha sido uma ameaça parcial à antiga pronúncia Staffordsshire de Sam, mas, caracteristicamente, ele tem *uma explicação mais bombástica*, quando desafiado: "Ele diz que se a pronúncia fosse 'herd', haveria uma única exceção da pronúncia inglesa da sílaba "ear", e ele acha melhor que não haja esta exceção.

Aqui, *explicação* encapsula a sentença começando com *talvez*, que vale como explicação parcial do pronunciamento de Johnson, a ser contrastada com *mais bombástica*, então atribuída ao próprio Johnson. Portanto, o grupo nominal, embora seu núcleo seja um rótulo retrospectivo, tem uma função preditiva como um rótulo prospectivo.

É importante notar, contudo, que o núcleo mais os modificadores em *uma explicação mais bombástica* não transmite a mensagem de que a explanação previamente sugerida seja *menos* bombástica em uma escala de "bombasticidade" relativa, mas de que não é bombástica de todo: o que organiza esse pedaço de discurso é um contraste direto entre tipos de explanação, ou uma relação de negação comparativa (Hoey, 1983). Somente o uso de *ainda* antes de *mais*, como no próximo exemplo, marca uma relação de afirmação comparativa:

(27) According to a report submitted to an east-west migration conference in Vienna earlier this year, some 1,4 million people left the post-communist countries last year. Figures submitted to the European Commission in Brussels suggest that 800,000 a year could be entering western Europe from the east. There are *even more drastic projections* emerging from the Soviet Union: between 1,5 million and eight million Soviet citizens are said to be ready to move westwards.

(27) De acordo com um relatório submetido a uma conferência de migração leste-oeste em Viena, no começo do ano, aproximadamente 1,4 milhão de pessoas deixaram os países pós-comunistas no último ano. Cálculos submetidos à Comissão Européia em Bruxelas sugerem que 800.000 pessoas por ano podem estar entrando pelo leste na Europa do oeste. Há *projeções ainda mais drásticas* emergindo da União Soviética: diz-se que 1,5 a 8 milhões de cidadãos soviéticos estão prontos para mudarem-se em direção ao oeste.

Aqui ambas as *projeções* são apresentadadas como estando em uma escala, de *drásticas* a *mais drásticas*.

Conclusão

O tipo de coesão discutido neste capítulo é extremamente comum na imprensa e em todos os discursos de natureza argumentativa. Francis (1986) investigou o uso de rótulos metalingüísticos retrospectivos em jornais como o *Encounter*, mas sem o auxílio de um *corpus*. Agora, com a utilização, em Birminghan, de extensos *corpora* de textos que ocorrem naturalmente (The Bank of English irá expandir-se de 100 milhões para 200 milhões de palavras no final de 1993), tornou-se possível estudar um texto em detalhe com sofisticados instrumentos de concordância e de listar a ampla extensão de núcleos de grupos nominais não-específicos, e seus modificadores, que realizam a função rotuladora. Estudos posteriores nesta área poderiam concentrar-se em sua incidência em vários gêneros, e, em particular, poderiam comparar a extensão lexical usada como rótulo em gêneros falados se opondo aos gêneros escritos. Também poderia ser útil saber que nomes nucleares e que modificadores são usados como rótulos prospectivos. Foi dito acima que estes são menos comuns e mais restritos no grupo do que os rótulos retrospectivos, mas não levei em consideração uma investigação detalhada deste assunto.

Estes estudos são importantes no mínimo porque a rotulação é um meio de classificar a experiência cultural de modos estereotípicos; o conjunto de realizações de uma *idéia* ou de uma *proposta*, por exemplo, é vasto, mas não é ilimitado. O relacionamento entre um rótulo e a(s) oração(s) que ele substitui não é um processo aleatório de nomeação, mas uma codificação de percepções partilhadas, ou partilháveis, do mundo. Com acesso a *corpora* extensos, estamos em condições de entender como a experiência é processada através do discurso como entidades nomeáveis, que, embora freqüentemente muito similares, não são de modo algum intercambiáveis.

Também se afirmou acima que há uma tendência para a seleção de um rótulo estar associada a colocações comuns.

Muitos rótulos são construídos dentro de sintagmas fixos ou de "expressões idiomáticas" (no mais amplo sentido do termo), representando uma escolha única. Colocações freqüentes incluem, por exemplo, "o movimento continua", "rejeitadas/negadas as alegações", "para resolver este problema" e "para inverter essa tendência", onde o rótulo retrospectivo se acha em companhia predizível. Estes grupos são prontamente utilizáveis para serem tomados como ocorrência comum de comunicação falada e escrita. Mesmo quando as colocações são menos fixas, o rótulo ocorre num ambiente lexical compatível. Poderia ser útil, acredito, estudar todos os rótulos em seus contextos lexicais e sintáticos; discutivelmente, este é o único modo como podem ser estudados se queremos aumentar o nosso conhecimento de padrões de significação na linguagem. Neste capítulo, tentei fazer apenas o trabalho basilar.

Referências bibliográficas

FRANCIS, G.(1986), *Anaphoric Nouns*, University of Birmingham: English Language Researche.

HALLIDAY, M. A. K. and R. Hassan (1976), *Cohesion in English*, London: Longman

HOEY, Michael (1983), *On the Surface of Discourse*, London: Allen & Unwin, reprinted (1991) by Department of English Studies, University of Nottingham.

IVANIC, R. (1991), 'Nouns in search of a context: a study of nouns with both open-and closed-system characteristics', *International Review of Applied Linguistics in Language Teaching*, 2:93-114.

JORDAN, M. P. (1985), 'Non-thematic re-entry: an introduction to and an extension of the system of nominal group reference/substitution in everyday English use', in J. D. Benson and W. S. greaves (eds), *Systemic Perspectives on Discourse*, vol. I, Norwood, NJ: Ablex, 322-32.

LEECH, G. (1983), *Principles of Pragmatics*, London: Longman.

PETERS, P. (1985), *Strategies for Students Writers*, Queensland: Wiley.

WIDDOWSON, H. G. (1983), *Learning Purpose and Language Use*, Oxford: Oxford University Press.

WINTER, E. O. (1982), *Towards a Contextual Grammar of English: The Clause and its Place in Definition of Sentence*, London: Allen & Unwin.

_____. (1992), 'The notion of unspecific versus specific as one way of analyzing the information of a fund-raising letter', in W. C. Mann and S. A. Thompson (eds), *Discourse Descriptions: Diverse Analyses of a fund-Raising Text*, Amsterdam: Benjamins, 131-70.

Notas

1 FRANCIS, Gill. Labelling discourse: an aspect of nominal-group lexical cohesion. In: COULTHARD, M. *Advances in written analysis*. London and New York: Ed. Routledge, 1994. p. 83-101. /Tradução de Mônica Magalhães Cavalcante, Valéria Sampaio Cassan de Deus e Thatiane Paiva de Miranda; revisão de Alena Ciulla/.

2 O termo *"rotulação prospectiva"* é usado de modo muito diferente por Trados (1985) para me referir à categoria de predicação na qual "o escritor rotula e se compromete, com isso, a realizar um ato de fala", e inclui grupos verbais como "vamos definir". Estou usando o termo "rótulo prospectivo" de um modo mais restrito, para referir-se a grupos nominais preditivos apenas.

Demonstrativos insólitos

Marie-Noëlle Gary-Prieur e Michèle Noailly[1]

Em geral, consideramos que o destinatário de um enunciado identifica o referente de um grupo nominal (GN) a partir de indícios que lhe são dados pelo sentido das expressões referenciais[2]. Para um GN demonstrativo em particular, a interpretação consiste em identificar o referente a partir do contexto imediato, físico ou lingüístico. Parece que se admite como evidência que esta operação interpretativa conduz o destinatário a "encontrar o bom referente", quer dizer, o próprio objeto visado pelo locutor.

Tal coincidência é geralmente verificada na comunicação oral, onde locutor e destinatário estão presentes, e supõe-se que compartilhem um conjunto de conhecimentos tirados de suas memórias e/ou da situação. Mas em um texto literário, que impõe um deslocamento entre o ato da escrita e o ato da leitura, o "locutor-autor" pode muito bem não mais utilizar-se do jogo da "pertinência comunicativa" ao qual se referem sempre, explicitamente ou não, as análises lingüísticas. Localizamos em particular, num certo número de textos do século XX, um feixe de fenômenos que convergem para um GN em que o determinante demonstrativo não traz consigo nem um valor anafórico nem um valor dêitico. Nós nos esforçaremos, nas páginas seguintes, para compreender o funcionamento desses empregos insólitos do demonstrativo.

Os demonstrativos em questão

Para estabelecer, desde o início, a originalidade do fenômeno, segue uma série de exemplos:

(1) J'étais assis dans *ce jardin*; je ne voyais pas le soleil; mais l'air brillait de lumière diffuse comme si l'azur du ciel devenait liquide et pleuvait... (G., p. 55)[3].

(1) Eu estava sentado *naquele jardim*; eu não via o sol; mas o ar brilhava com uma luz difusa, como se o azul do céu se tornasse líquido e chovesse... (G., p.55)

(2) Sous les feuilles de la forêt, sous les goutières de la ville, dans les mirages du désert ou dans la campagne immobile, toujours *cette porte fermée – ce portrait d'homme au masque moulé sur la mort*... (R., p.113)

(2) Sob as folhas da floresta, sob as goteiras da cidade, nas miragens do deserto ou na campina imóvel, sempre *esta porta fechada – este retrato de homem de máscara moldado sobre a morte*... (R., p.113)

(3) J'appuie mon front contre les carreux. *Cette vieille femme* m'agace... (S., p.47)

(3) Eu apóio minha testa contra os azulejos. *Esta velha me irrita*... (S., p.47)

(4) Voici que se dresse dans mon souvenir, brusquement, *ce vieux mur croulant et charge de lierre*...(S.-E., p.120-121)

(4) Eis que se forma na minha memória, bruscamente, *este velho muro que desmorona e se cobre de hera*... (S.-E., p. 120-1)

É difícil fazer perceber, através dos excertos tão curtos acima, a originalidade de tais empregos: seriam necessários fragmentos bem maiores. O que podemos garantir é que nada no contexto anterior prepara para o aparecimento desses demonstrativos: evidentemente, eles não são anafóricos. O enunciado

(1) é a primeira frase do fragmento de *Nourritures Terrestres* e põe em foco um desenvolvimento sem relação com aquele que o precede. Quanto aos três outros, ainda que se situem na seqüência do texto, eles introduzem, por meio do demonstrativo, um referente que não foi ainda evocado anteriormente.

O recurso à explicação pela dêixis não é mais possível, pelo menos se nos atemos ao que se entende normalmente por isso. De fato, quem diz dêixis diz referenciação em relação a três fatores: o sujeito, o lugar e o tempo da enunciação. Portanto, no ato da enunciação particular que é um texto [escrito], não existe nem lugar nem tempo compartilhado: no momento da leitura, o destinatário não pode se servir nem da situação nem dos conhecimentos desta para identificar o jardim de (1) ou a velha de (3). O problema é, então, saber como o leitor pode, apesar de tudo – e se o pode –, construir uma referência.

O texto é provido, às vezes, de indícios que poderiam facilitar a identificação do referente, como nos exemplos abaixo:

(5) Dès que j'eus compris qu'il était cinq heures, je rejetais le livre au milieu des autres et je sautai dans um táxi qui me conduisit à la gare Saint-Lazare.
Je me suis promené une vingtaine de minutes sur *ce quai* et puis je les ai vus. (S., p. 194).

(5) Desde que eu compreendi que eram cinco horas, larguei o livro no meio dos outros e tomei um táxi que me conduzisse à estação de Saint-Lazare.
Eu passeei uns vinte minutos sobre *aquela plataforma* e, depois, eu os avistei. (S., p. 194).

(6) Elle revoit cette maison à travers les tilleuls épais. C'est ce qu'il y a de plus stable qui arrivait à la surface: *ce perron de pierre large* qui se continuait dans la terre. (S.-E., p.17).

(6) Ela reviu aquela casa por entre as tílias cerradas. Era o que havia de mais estável que sobrevinha à superfície: *aquele patamar de pedra larga que continuava na terra.* (S.-E., p.17).

(7) Bernis est pâle et la prend dans ses bras et la berce.
Geneviève ferme les yeux:
– Vous allez m'emporter...
Les temps fuit sur *cette épaule* sans faire de mal. (S.-E., p.61).

(7) Bernis está pálido e a toma em seus braços e a acalenta.
Genoveva fecha os olhos:
– Você vai me levar...
Os tempos se vão sobre *aquele ombro* sem fazer mal.

(8) Vers Fontainebleu, elle avait soif. Chaque detail du paysage: on les reconaissait. Ils s'installait tranquillement. Il rassurait. C'était un cadre nécessaire qui montait au jour.
Dans *cette gargote* on leur servit du lait. (S.-E., p. 86).

(8) Para Fontainebleu, ela tinha sede. Cada detalhe da paisagem: nós os reconhecemos. Eles se instalavam tranqüilamente. Ele reafirmava. Era um quadro necessário que aumentava na luz do dia.
Naquela taberna, nós lhes servimos leite. (S.-E., p. 86).

O enunciado (5) evoca o fenômeno bem conhecido como anáfora associativa: *plataforma* está de fato em relação lexical com *estação*. Mais precisamente, se compararmos o encadeamento que temos aqui com uma anáfora associativa, avaliaremos a diferença radical que separa o demonstrativo do definido. Se tivéssemos:

(5') ... Je me suis promené sur *le quai*,
(5') Eu passeei sobre *a plataforma*,

a relação entre *estação* e *plataforma* seria suficiente para identificar o referente de *a plataforma*. Não é o caso em (5): a identificação do referente de *aquela plataforma* deve-se muito mais, como veremos, à primeira pessoa de *eu passeei* do que ao nome *estação* da frase precedente[4]. Certamente o leitor irá estabelecer uma relação entre o cais que ele cita e a estação mencionada anteriormente, mas essa relação substitui um cálculo lógico não determinado pela forma sintática. De fato, a escolha de um demonstrativo exige uma reidentificação, que dá ao referente uma autonomia relativa em relação àquele que o precede[5]. O resultado é que o cais de (5) é apreendido como um elemento no conjunto que constitui "os cais" em geral, e não como um dos cais da estação Saint-Lazare.

Uma análise comparável se aplica a (6), a que se adiciona o fato de que *esta casa*, que poderia ajudar a situar o referente de *esse patamar*, é, ele mesmo, um GN cujo referente nada no texto permite identificar. De fato, em vez de *patamar* ser percebido como um elemento constitutivo da casa, *casa* e *patamar* se acham colocados exatamente no mesmo plano, numa espécie de justaposição à distância.

Em (7), o caso é um pouco diferente, já que a retomada por um GN com determinante definido não seria possível: trata-se nesta frase da relação parte/todo, e mais precisamente de regras específicas que regem as construções ditas "das partes do corpo". Porém, no que nos diz respeito, isto não faz grande diferença, e aqui também a escolha do determinante demonstrativo isola o objeto "ombro" do homem que designa o Npr. *Bernis*.

Pelo que há em (8), não existe mais semelhança com anáfora associativa. É, portanto, o mesmo tipo de fenômeno que está em jogo: as frases precedentes preparam o aparecimento do GN demonstrativo. O leitor pode construir as seguintes referências: "Genoveva tem sede, então eles param para beber, e a taberna que está em questão só pode ser o lugar onde eles pararam." Mas se tal raciocínio ajuda a compreender a presença do nome que figura no GN demonstrativo, ele não permite identificar o referente desse GN. Uma taberna, certamente, mas qual? Como representá-la em sua singularidade?

Qual é o caso em que uma expansão (proposição relativa ou adjunto adnominal) completa o nome com determinante demonstrativo? Com um determinante definido, podemos formar desta maneira GN saturados, que identificam os referentes no primeiro emprego (o artesão que passou esta manhã, o vestido de Lise); com um determinante demonstrativo, é possível também construir referências identificadoras, como nos exemplos seguintes:

(9) Meknès. Comment donc était-il *ce montagnard qui nous fit peur* dans une ruelle, entre la mosquée Berdaine et *cette place charmante qu'ombrage un mûrier*? (S., p. 49).
(9) Meknès. Como era, então, *aquele montanhês que nos fez medo* em um beco, entre a mesquita Berdaine e *aquela praça agradável em que faz sombra uma amoreira*?

(10) Mais *cette sûreté du goût qui lui venait de n'avoir connu et aimé que les vrais Cézannes*... les lui faisait obscurement mépriser (S.- E., p.170).
(10) Mas *aquela certeza do prazer que lhe vinha de só ter conhecido e amado os verdadeiros Cézannes*... fazia-o obscuramente desprezá-los.

Porém, o mecanismo de construção do referente não é o mesmo: não percebemos, como com o definido, uma espécie de co-relação entre o determinante e a relativa; esta última parece muito mais acrescentar informações acerca de um referente que já tinha sido constituído, independentemente dela, pelo demonstrativo. Portanto, podemos encontrar depois d*este N* expansões cujo conteúdo é inteiramente insuficiente para permitir ao leitor identificar o objeto considerado:

(11) Elle a connu des officiers de Coloniale qui menaient à Paris des vies de fantôme. Ils se retrouvaient sur les boulevards et s'étonnaient d'être vivants. On reconnaissait tant bien que le mal, dans leur maison, *cette maison de Saigon, de Marrakech* (S.-E., p. 69-70).
(11) Ela conheceu oficiais de Colonial que levavam, em Paris, vidas de fantasma. Eles se encontravam nas ruas e se surpreendiam por estarem vivos. Reconhecíamos mais ou

menos, na casa deles, *aquela casa de Saigon, de Marrakech*. (S.-E., p. 69-70).

(12) Je t'ai bien parlé des situations privilegiées? – Je ne crois pas. – Si, dit-elle avec assurance. C'était à Aix, sur *cette place dont je ne me rappelle plus le nom* (S., p.184).

(12) Eu tinha mesmo te falado das situações privilegiadas? – Não creio. – Sim, diz ela com segurança. Era em Aix, sobre *aquela praça de cujo nome eu não me lembro mais.* (S., p. 184).

Em (11), um determinante definido, no lugar do demonstrativo, só poderia ser anafórico. "A casa de Saigon" construiria um objeto singular, identificado por sua localização. Seria evidentemente impossível ter as duas localizações conjuntas: * a casa de Saigon, de Marrakech. Para interpretar *aquela casa de Saigon, de Marrakech*, o próprio leitor constrói o mesmo tipo de inferências que aquelas de que falamos mais acima: os oficiais da Colonial tiveram sem dúvida uma casa, em Saigon ou em Marrakech, onde encontramos a lembrança de sua mobília. Mais uma vez, tal referente parece muito mal "definido".

A inutilidade da expansão no processo de identificação é reforçada ao máximo no exemplo (12), onde, de forma paradoxal e mesmo um pouco engraçada, a relativa apenas livra uma ... ausência de informação! Mas este caso extremo tem o propósito de reforçar nossa convicção segundo a qual uma expansão, depois de *este GN* não se destina prioritariamente a identificar o referente do GN em questão.

Se é, então, verdade que, nos casos considerados, nem a expansão nem a "preparação" contextual do GN demonstrativo ajudam o leitor a identificar o referente de que se trata, é necessário observar, por outro lado, que o problema interpretativo é mais ou menos difícil de resolver por si mesmo, de acordo com o sentido do N. Por exemplo, quando as coordenadas de tempo e lugar são geralmente consideradas como tendo comportamentos parecidos, constatamos que aqui os nomes que permitem a referência temporal sejam bem mais naturais que aqueles que, nas mesmas condições, dão indicações de ordem espacial:

(13) J'ai trouvé *ce matin* dans une allée des Sources, m'y promenant, un champignon étrange... (G., p. 49).
(13) Eu achei, *esta manhã*, em uma alameda de Sources, passeando, um cogumelo estranho... (G., p. 49).

(14) *Ce soir*, je suis bien à l'aise, bien bourgeoisement dans le monde (S., p. 12, dans um fragment intitulé *Feuillets sans date*).
(14) Esta noite, eu estou perfeitamente à vontade, muito burguesamente no mundo (S., p. 12, em um fragmento intitulado *Feuillets sans date*).

(15) J'étais assis dans *ce jardin*... je ne voyais pas le soleil; mais l'air brillait de lumière diffuse comme si l'azur du ciel devenait liquide et pleuvait... (G., p. 55).
(15) Eu estava sentado *naquele jardim*... eu não via o sol; mas o ar brilhava com uma luz difusa, como o azul do céu se tornasse líquido e chovesse... (G., p. 55)

(16) Vous étiez si bien abritée par *cette maison*, et autour d'elle, par cette robe vivante de la terre (S.-E., p. 39).
(16) Você estava muito bem abrigada *naquela casa*, e em torno dela, por aquele manto vivo da terra (S.-E., p. 39).

Se o locutor não tem consciência da dificuldade particular em localizar o referente de *esta manhã* e de *esta noite*, é porque existe uma relação necessária, na instância do discurso, entre o enunciador e o momento da enunciação. Em compensação, a relação com o lugar se instala de outra maneira, na medida em que o lugar não é somente uma marcação do ato da enunciação, mas pode se realizar em espaços infinitamente diversos: enquanto *agora* não pode de modo algum apenas ser substituído por uma descrição, *aqui* pode ser explicitado por múltiplas indicações concretas: *este jardim, esta casa* etc. Além disso, *esta manhã, esta noite* ficam indissociavelmente ligados à instância do discurso, ao passo que o jardim e a casa dos exemplos (15) e (16) adquirem uma espécie de existência independente, num "além" do texto[6].

Observamos também uma diferença de reação, na leitura, dependendo de o N do GN ser concreto ou abstrato:

(17) Chaque chose cernée, tirée de sa vie, posée dans l'espace. Et *ce tumulte du coeur* qui n'avait plus de sens (S.-E., p. 15).

(17) Cada coisa cercada, tirada de sua vida, colocada no espaço. E *aquele tumulto do coração* que não tinha mais sentido (S.-E., p. 15).

(18) Je dois être malade: il n'y a pás d'autre façon d'expliquer *cette formidable colère* qui vient de me bouleverser (S., p. 146).

(18) Eu devo estar doente: não há outro modo de explicar *esta formidável cólera* que acaba de me perturbar (S., p. 146).

(19) Le ciel lui paraissait si grand qu'elle regardait toujours du côté de ma chambre. Et *cette lumière* sous la cheminée, *ce feu* qui baissait... (R., p. 55).

(19) O céu lhe parecia tão grande que ela olhava sempre do lado do meu quarto. E *aquela luz* sob a chaminé, *aquele fogo* que descia... (R., p. 55).

(20) Geneviève est gênée de toucher *ce rideau, ce fauteuil*, doucement... (S.-E., p. 68).

(20) Genoveva está constrangida de tocar *esta cortina, esta poltrona*, docemente... (S.-E., p. 68).

Os nomes concretos de (19) e (20) parecem mais insólitos que os nomes abstratos de (17) e (18) neste tipo de emprego, e podemos estender a mesma explicação que aquela que propusemos acima para a diferença entre nomes de tempo e nomes de lugar. Para um significado abstrato como *tumulto do coração* ou *cólera*, a relação que se estabelece necessariamente entre o nome e o sujeito da enunciação é suficiente para que o leitor tenha a impressão de compreender de qual referente se trata: este tumulto do coração é "um tumulto que tem a propriedade de ser este que experimenta o locutor no momento da enunciação." É, aliás, perfeitamente explícito no exemplo (18), onde a primeira pessoa aparece.

Um nome concreto, em compensação, tem por referência virtual um tipo de entidade que não tem relação nenhuma com o sujeito da enunciação: uma luz, um fogo, uma cortina, uma poltrona têm existência autônoma. Sentimos mais, nos GNs de (19) e (20), a necessidade de uma identificação que o texto parece recusar.

Porém, se nada permite nesses contextos identificar o referente, é que talvez a identificação desse referente não seja a razão de ser de tais demonstrativos.

O sentido desses demonstrativos

Qual o efeito desses GN demonstrativos? A resposta a tal questão varia, evidentemente, quanto aos detalhes, de um texto para outro. Mas parece que certas propriedades gerais são recuperadas, e podem então ser atribuídas não ao "estilo" do texto, mas ao sentido do demonstrativo. São essas propriedades que iremos tentar deduzir agora.

Destaque

Nós sempre frisamos a propriedade que tem o demonstrativo de isolar o referente que ele constrói[7]. Esse isolamento aumenta ao máximo nos empregos que acabamos de assinalar. Os GN propostos como exemplos apresentam sempre, com efeito, um objeto destacado de toda a continuidade narrativa.

E, sem dúvida, não é por acaso que os textos literários que, sob esta perspectiva, prenderam a nossa atenção são textos do séc. XX, em que a escrita é manifestamente não narrativa, mesmo se eles são considerados a princípio como romances, como é o caso de *A Náusea* e *Cruzeiro do Sul*.

Esse destaque do referente é sempre sublinhado pela forma dos enunciados nos quais aparece o GN demonstrativo; nós o encontramos freqüentemente em frases sem verbo:

(21) *Ce demi-jour* sur des divans, des tentures de garçonnière. *Ces étoffes marocaines* sur les murs (S.-E., p. 69).

(21) *Essa metade de dia* sobre os divãs, papéis de parede de garçonnière. *Esses estofados marroquinos* nas paredes (S.-E., p. 69).

(22) *Ce trajet en* voiture de l'aéroport vers la gare. *Ces visages* en face du sien fermés, durcis. *Ces mains* qui portaient leur destin grave et reposaient à plat sur les genoux, si lourdes. *Ces paysans* frôlés qui revenaient des champs. *Cette jeune fille* devant sa porte qui guettait um homme entre cent mille, qui avait déjà renoncé à cent mille espérances. *Cette mère* qui berçait um enfant, qui en était déjà prisonnière, qui ne pouvait fuir (S.-E., p.34).

(22) *Esse trajeto de* carro do aeroporto até a estação. *Esses rostos* em frente ao seu fechados, endurecidos. *Suas mãos* que carregavam seus destinos gravados e que repousavam retas sobre os joelhos, tão pesadas. *Esses camponeses* amontoados que voltavam dos campos. *Esta jovem* na frente de sua porta que esperava um homem entre cem mil, que já havia renunciado a cem mil esperanças. *Esta mãe* que balançava uma criança, que já era prisioneira, que não podia fugir (S.-E., p. 34).

(23) Et voilá, mon passé n'est plus qu'un trou énorme. Mon present: *cette bonne* au corsage noir rêve près du comptoir, *ce petit bonhomme* (S., p. 86).

(23) E aí está, meu passado nada mais é do que um grande vazio. Meu presente: *esta criada* de jaleco preto que sonha perto do balcão, *este bom homenzinho* (S., p. 86).

(24) Cette abondance-là ne faisait l'effet de la générosité, au contraire. Elle était morne, souffreteuse, embarassée d'elle-même. *Ces grands arbres, ces grands corps gauches*... je me mis à rire parce que [...] (S., p. 169).

(24) Esta abundância não queria dizer generosidade, pelo contrário. Ela era morna, sofrida, atrapalhada dela mesma. *Essas grandes árvores, esses grandes corpos esquisitos*... eu comecei a rir porque [...] (S., p. 169).

A estrutura frásica ressalta, nesses tipos de enunciado, o destaque do objeto apresentado pelo determinante demonstrativo: tanto quanto na continuidade de uma narrativa, ele não está preso a nenhuma relação sintática. É como se apenas sua presença fosse suficiente para sua inscrição no texto. A força dessa presença pode, aliás, em outros casos, ser sublinhada por um predicado existencial:

(25) Maintenant il *y* a partout des choses comme *ce verre de bière*, là, sur la table (S., p. 20).

(25) Agora há em todo canto coisas como *este copo de cerveja*, aqui, sobre a mesa (S., p. 20).

(26) *Il y avait* donc là, en même temps, *cette palissade* qui sent si fort le bois mouillé, *cette lenterne*, *cette petite bonne femme blonde* dans les bras d'un nègre, sous um ciel de feu (S., p.19).

(26) *Havia lá, portanto,* ao mesmo tempo, *esta paliçada* que cheira muito a madeira molhada, *esta lanterna*, *esta pequena mulher loura* nos braços de um negro, sob o céu de fogo (S., p. 19).

ou por um contexto que faça aparecer como evidente a presença do objeto:

(27) Um jour, beaucoup plus tard, *cet enfant* lui était venu et c'était quelque chose d'incompréhensible et en même temps de plus simple encore. *Une évidence* plus forte que les autres. (S.-E., p.54).

(27) Um dia, bem mais tarde, *esta criança* veio a ele e foi algo incompreensível e simples ao mesmo tempo. *Uma evidência* mais forte que as outras. (S.-E., p. 54).

(28) Nous sommes sortis de la même enfance, et voici que se dresse dans mon souvenir, brusquement, *ce vieux mur* croulant et charge de lierre. Nous étions dês enfants hardis: "Pourquoi as-tu peur? Pousse la porte..."
Um vieux mur croulant et chargé de lierre. Séché, penétré, pétri de soleil, *pétri d'évidences* (S.-E., p. 121)

(28) Nós saímos da mesma infância, e eis que surge na minha lembrança, bruscamente, *esse velho muro* desmoronadiço e cheio de hera. Nós éramos crianças audaciosas: "Por que tens medo? Empurra a porta..."
Um velho muro desmoronadiço e cheio de hera. Seco, denso, impregnado de sol, *impregnado de evidências*.(S.-E., p. 121)

(29) *cette racine* était *pétrie dans l'existence* (S., p. 162)

(29) *esta raiz* estava *impregnada na existência* (S., p. 162)

(30) et je restai, la plume en l'air, à contempler *ce papier éblouissant*: il était dur et voyant, comme *il était present* (S., p. 1233-124).

(30) e eu ficava, com a pena no ar, a contemplar *esse papel ofuscante*: ele era duro e luminoso, como *ele estava presente* (S., p. 1233-124).

Observamos também a afinidade desses GN demonstrativos com contextos que os apresentam como elementos de uma enumeração sujeita a ser continuada:

(31) *Ce hall* où elle jouait enfant, *ces parques* de nouter brillait, *ces tables massives* qui pouvait traverser les siècles sans se démoder ni vieillir... (S.-E, p.71).
(31) *Esse hall* onde ela brincava quando criança, *esses* brilhavam, *essas mesas maciças* que poderiam atravessar os séculos sem sair da moda e sem envelhecer... (S.-E, p. 71).

(32) Il êut désiré l'embrasser: mais *cette pluie, cet inconfort, cette fatigue*... (S.-E., p.71).
(32) Ele teve vontade de abraçá-la: mas *aquela chuva, aquele desconforto, aquela fadiga*... (S.-E., p. 71).

Os pontos de suspensão podem ser interpretados aqui, ao pé da letra, como "suspendendo" a lista de objetos para além de toda a continuidade sintática, discursiva ou lógica.

Uma forma diferente de continuidade pode ser introduzida com *e* em enunciados do tipo:

(33) Le moteur faisait um bruit _____ Seul et derrière lequel le paysage passe en silence comme un film. ______ volions haut... (S.-E. p. 36).
(33) O motor fazia um barulho ____ Um barulho singular e atrás do qual a paisagem passa em silêncio como um filme.____ voemos alto... (S.-E. p. 36).

(34) Il n'avait d'aillers fait que des sottises depuis cette fuite: *et tous ces oublies!* (S.-E., p. 75).
(34) Ele só fez besteira depois desta fuga: *e todos os seus esquecimentos*! (S.-E., p.75).

O *e* marca aqui (cf. do mesmo modo (17) e, mais abaixo, (42)) no início de uma frase sem verbo, uma relação com o sujeito falante e não com o conteúdo do enunciado[8]. Ele contribui, então, como os pontos de suspensão nos enunciados precedentes para acentuar o efeito de saliência já sublinhados pela ausência do verbo.

Saliência

Muitos lingüistas consideram hoje que o demonstrativo serve para apresentar um objeto "saliente", quer dizer, presente na memória imediata do destinatário. Portanto, nos exemplos que nos interessam aqui, se existe mesmo "saliência" (como mostra o desenvolvimento anterior), é unicamente na memória do "locutor-autor". O fenômeno mais evidente em todos os enunciados que nós encontramos é aquele em que o GN demonstrativo introduz um objeto que só é recuperável no universo do sujeito da enunciação.

Os textos escritos em primeira pessoa são os mais propícios ao aparecimento desses GN. Constatamos, então, que o *eu* constitui para o leitor o único indício que permite a localização do referente:

(35) Il faut dire comme je vois *cette table* (S., p.11).
(35) É necessário que eu diga como eu vejo *esta mesa*. (S., p.11).

(36) *J*'étais assis dans *ce jardin* (G., p.55).
(36) *Eu* estava sentado *neste jardim* (G., p. 55).

(37) *Je* ne veux plus partir vers *ces grands bols du soir* (R., p.78).
(37) *Eu* não quero mais sair para *essas grandes noitadas*. (R., p. 78).

A mesa de (35) é aquela que *eu* vejo. O jardim de (36) é aquele onde *eu* está sentado. Mas podemos encontrar os mesmos efeitos nas passagens que colocam a narrativa em terceira pessoa. Constatamos, então, que esses GN assinalam um discurso indireto, ou, mais amplamente, a inserção do enunciado no universo de um personagem.

(38) Bernis n'a plus que de *pensées* rudimentairs, lês *pensées* qui dirigent l'action: sortir de ce *cirque de montagnes*

où la tornade descendante le plonge, où la plui en rafales est si dure qu'il fait nuit, sauter *ce mur*, gagner la mer (S.-E., p.27)

(38) Bernis só tem *pensamentos* rudimentares, *pensamentos* que dirigem a ação: sair desse *circo de montanhas* onde o vento descendente o mergulha, onde a ventania da chuva é tão dura que anoitece, saltar *esse muro*, ganhar o mar (S.-E., p. 27)

(39) Elle *pense* encore "Lorsque j'allais à la campagne". Elle revoit *cette maison* à travers les tilleuls épais (S.-E., p. 71).

(39) Ela *pensa* ainda "Assim que eu for ao campo". Ela revê *esta casa* através das tílias espessas (S.-E., p. 71).

Este *circo de montanhas*, em (38), se refere a um objeto saliente nos pensamentos de Bernis; em (39), é no universo "dela" (Genoveva) que é necessário situar o objeto designado por *esta casa*.

Quer se trate do universo do autor ou do universo do personagem, o texto ressalta sempre o fato de que é ou o olhar, ou a memória que dão existência ao objeto designado pelo GN demonstrativo.

(40) *Mon regard* descend, avec ennui, sur *ce front*, sur *ces joues*: il ne rencontre rien de ferme, il s'ensable(S., p. 34).

(40) *Meu olhar* cai, com tristeza, sobre *esta testa*, sobre *este rosto*: ele não encontra nada de firme, ele encalha (S., p. 34).

(41) Voilà une demi-heure que j'évite de *regarder ce verre de bière* (S., p. 23).

(41) Já faz uma meia hora que eu evito *olhar este copo de cerveja* (S., p. 23).

(42) Et ce froid: car nous volions haut: *ces villes* prises dans la glace. *Tu te souviens?* (S.-E., p. 36)

(42) E esse frio: pois voamos alto: *essas cidades* presas no gelo. *Tu te lembras?* (S.-E., p. 36)

(43) Une enfant qui se cache mais ébauche ce geste se dénonce: Geneviève, *je me souviens* du sortilège. (S. –E., p. 46).
(43) Uma criança que se esconde mas esboça esse gesto se denuncia: Geneviève, *eu me lembro* do sortilégio. (S. –E., p. 46).

Portanto, deste olhar, assim como desta memória, o leitor é radicalmente separado (cf. do mesmo modo (39) acima). Como se se tomasse isso para estabelecer uma relação com um referente que, apesar do demonstrativo, não está nada saliente para ele? É claro que o processo interpretativo não consiste para o leitor, em "procurar o bom referente". Trata-se, antes, de interpretar o efeito de colocar em relevo por meio do demonstrativo e da relação privilegiada que ele estabelece entre o locutor e o referente do GN[9]. É então um processo de interpretação mais complexo e menos claramente regulado do que aqueles que têm sido freqüentemente descritos pelos demonstrativos anafóricos ou dêiticos.

A tarefa interpretativa do leitor é, contudo, facilitada, em todos os casos que examinamos, pela presença, ao lado do demonstrativo, de um nome cujo sentido lexical permite ao menos construir uma referência virtual. Se, em lugar de *este N*, tivéssemos somente um pronome demonstrativo (isto, isso, aquilo), a interpretação se tornaria quase impossível, como podemos observar se compararmos (20) com (20'), ou (41) com (41'):

(20')Geneviève est gênée de toucher cela.
(20')Genoveva está constrangida de mexer nisso.

(41')Voilà une demi-heure que j'évite de regarder cela.
(41')Já faz uma meia hora que eu evito olhar isso.

E parece quase inconcebível haver apenas um pronome nas frases sem verbo ilustradas pelos exemplos (21) a (24).

Dois pontos de vista sobre a questão

Os empregos insólitos do demonstrativo que acabamos de apresentar constituem, do ponto de vista lingüístico, um verdadeiro esforço do locutor: este último faz como se o leitor estivesse apto a identificar o referente do GN[10]. Os efeitos desse esforço podem se prestar a duas interpretações diametralmente opostas:

- Podemos atribuir a esses demonstrativos uma função conativa, para retomar a noção de Jakobson, quer dizer, uma orientação do discurso para o destinatário: empregando um demonstrativo quando o leitor não é capaz de identificar o referente, o autor convida o leitor a partilhar seu universo. O esforço de interpretação exigido por esses demonstrativos aproxima leitor e autor, um pouco como o fazem os começos de romances *in medias res*, obrigando o segundo a se inserir no enunciado.
- Ou, então, quase ao contrário, podemos perceber mais esses demonstrativos como uma maneira irônica que o autor utiliza para enviar o leitor ao exterior do universo que seu texto faz aceder à existência. Não dando ao leitor os meios nos quais legitimamente ele tem o direito de confiar para poder construir o objeto de referência, o autor, de qualquer maneira, o mantém à distância, o próprio leitor, e mantém fechado o acesso a seu mundo interior. Em resumo, ele joga um jogo duplo: ele finge (?), por uma literatura em primeira pessoa, *se expor*, aceitar o compartilhamento mais íntimo de sua experiência; e, ao mesmo tempo, ele se recusa, ele disfarça, ele mantêm fechadas as portas que lhe protegem de qualquer intrusão exterior.

Uma página d'*Ici*, descoberta após a redação, mostrou-nos refletir esta dupla possibilidade de conclusão. Embora não se trate, na pseudo-discussão evocada pelo autor, da referência problemática do demonstrativo, mas sim do pronome pessoal *ele*, a analogia com nossas duas interpretações é evidente:

"Que ele, quem é este "ele" de que vocês estão falando? Eles devem saber muito bem que este 'ele' designa, mas eles querem que aqui também sejam respeitadas as regras que são aplicadas em toda parte..."Que 'ele'?" – Mas é sempre aquele de quem eu lhes falo... – Mas não somente daquele, logo como vocês querem que nós adivinhemos? Vocês dizem freqüentemente "ele" ou "ela", tanto no singular quanto no plural, como se fôssemos obrigados a reconhecer... – Ah sim, esta deve ser mais uma de minhas manias... Talvez seja o mau hábito que eu tenho de pensar que vocês estão aqui comigo, dentro do mesmo elemento, dentro "do mesmo banho"... é ridículo... eu não sei por que eu tenho esta impressão, eu fiz mal... parece-me que essas pessoas que evoquei, que eles estão mais presentes em vocês do que em mim... enfim isso que desprende deles... é o que conta... é bom repetir seus nomes... – Ah, é por isso... nós, ao contrário, temos a impressão de que vocês só falam para vocês mesmos... que vocês se esquecem, em todo caso que negligenciam, de levar em conta nossa presença..." (p.93).

O que quer que seja, os fatos que nós apresentamos estão para transformar-se no dossiê de uma reflexão sobre a especificidade do texto literário como um tipo de situação lingüística. Quando os lingüistas descrevem os fatos da língua recorrendo à "situação", é sempre, explicitamente ou não, a situação do discurso oral que eles têm em mente. Assim, a especificidade do sistema de determinação da referência para a obra num texto[11] obriga a definir de outra maneira o sentido de certas formas. É possível que a consideração dos textos nesta perspectiva (quer dizer enquanto tipos de situação de linguagem, e não enquanto objetos de uma crítica literária, de uma análise estilística ou de uma gramática textual) permite uma melhor compreensão de certos fatos da língua.[12]

Notas

[1] GARY-PRIEUR, M-N, NOAILLY, M. Demonstratifs insolites. In *Poetique*. Seuil, 1996, n. 105, p. 111-21. /Tradução de Camile Maria Botelho Regadas e Mônica Magalhães Cavalcante; revisão de Alena Ciulla/.

[2] Esta é, notadamente, a orientação dos trabalhos de G. Kleiber após uma dezena de anos.

[3] As citações foram tomadas de empréstimo a Gide (G.), *Les nourritures terrestres*, Gallimard; Reverdi (R) Anthologie, *Orphée / La Difference*; Sartre (S), *La Nausée*, Gallimard, 1960; Saint-Éxupoéry (S-E), *Courrier Sud*, Gallimard, "Folio".

[4] Podemos notar que *aquela plataforma* aparece no início de um novo parágrafo, assim como *essa viagem*.

[5] Para uma descrição do conjunto de mecanismos interpretativos ligados ao demonstrativo, remeteremos a F. Corblin. *Indéfini, défini et démonstratif*, Genebra – Paris, Droz, 1987.

[6] Essa idéia de um "além" do texto aparece em Danon-Boileau, *Produire le fictif*, Klincksieck, 1982.

[7] Cf. Kleiber, "Du nom propre nom modifié au nom propre modifié: le cas de la determination du nom propre par l'adjectif démonstratif", *Langue Française*, n. 92, 1991, p. 82-104.

[8] *E* não tem manifestamente aqui a função de coordenar banalmente duas partes do enunciado. É para retomar um rótulo célebre de Ducrot, uma "palavra do discurso" cujo valor preciso mereceria ser estudado de perto.

[9] Encontramos desenvolvimentos próximos deste de De Mullder, "Histoire d'une marche. L'évolution d'um réferent dans *Les Bijoux de la Castafiore*" (*Travaux de linguistique*, nº 28, 1994, p.39-52), que mostra que o demonstrativo marca uma relação privilegiada do locutor e que ele exige da parte do leitor um esforço de interpretação suplementar.

[10] Essa possibilidade aberta para o demonstrativo é levada ao extremo no último livro de Natalie Sarraute, *Ici* (Gallimard, 1995): nenhuma localização clássica é fornecida no texto para as ocorrências repetidas de *aqui*. Não seria o próprio objetivo do livro levar o leitor a dar um conteúdo a esses múltiplos *aqui*?

[11] Em *Produire le fictif*, L. Danon-Boileau se perguntou sobre esta especificidade, e em particular sobre a relação entre enunciação e

referenciação. Ele observa com justa razão, que "os três elementos que definem a situação de enunciação *(eu, aqui, agora)* não são necessariamente empregados de maneira solidária na referenciação instituída por um texto."(p. 41).

[12] A revista *Poetique* nem sempre apresenta referências bibliográficas ao final de cada artigo. É o caso do texto em tela.